# DIZZY GILLESPIE

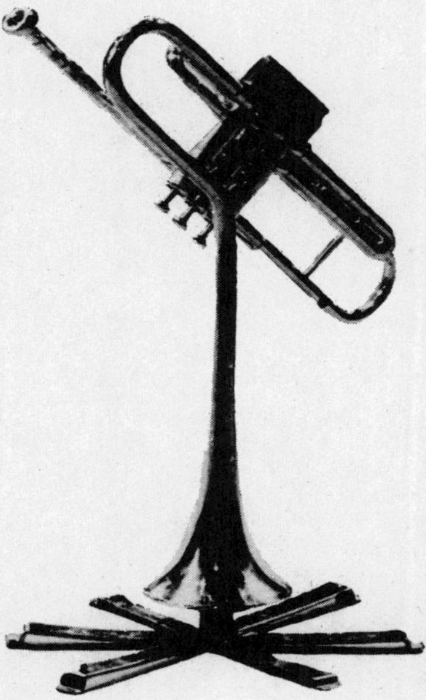

RAYMOND HORRICKS

# DIZZY GILLESPIE
## et la révolution Be-Bop

Traduit de l'anglais par
Paul Couturiau

Collection « Jazz »

ÉDITIONS GARANCIÈRE
8, rue Garancière
PARIS

TITRE ORIGINAL :

Dizzy Gillespie
and the Be-Bop Revolution



ISBN : 2.7340.0129.2

pour Justine Gabrielle, pour Clara et Britt Woodman et aussi pour Liz et David Driver

## Illustrations

*Couverture :* Dizzy Gillespie (Jean-Pierre Leloir)

*Page titre :* Le Grand-Prêtre du Be-Bop, Nice 1983 (Tim Motion)

Diz 'n Bird (Jan Persson)

Avec le groupe de Teddy Mill (Max Jones)

Dirigeant son propre groupe en 1946. Le saxophoniste à gauche n'est autre qu' Howard Johnson qui joue désormais avec les Savoy Sultans (Max Jones)

Une jam session au Club d'Eddie Condon. Avec Jo Jones, Pee Wee Russell, Milt Jackson et Gerry Mulligan (Max Jones)

Avec James Moody et Max Roach (Hans Harzheim)

Avec Clark Terry et Harry Edison (Hans Harzheim)

Avec James Moody à Nice en 1983 (Tim Motion)

Avec Herbie Hancock à Nice en 1983 (Tim Motion)

« Ceux qui avaient leurs entrées pénétraient les appartements privés en franchissant la porte recouverte de miroirs, qui donnait sur la galerie et était constamment fermée. Elle ne s'ouvrait que lorsqu'on y frappait et se refermait aussitôt après. »

Saint-Simon

« Il ne faut pas charrier avec Diz. Ce que je veux dire c'est que c'est un homme très chaleureux et généreux, et si vous faites une jam avec lui et que vous jouez selon votre style, tout va bien. Mais il est aussi très fier du style de trompette qu'il a largement inventé, et si vous essayez de le copier, alors là, il ne vous fera pas de cadeaux. »

Thad Jones (parlant à l'auteur)

# DIZZY GILLESPIE

DIZZY GILLESPIE fut sans aucun doute le trompettiste de jazz le plus influent depuis Louis Armstrong. Il y avait eu entre les deux hommes Roy « Little Jazz » Eldridge ; il y eut ensuite Miles Davis. Roy fut toutefois une sorte de saint Jean Baptiste avant l'arrivée de Dizzy, alors que l'individualisme de Miles est en quelque sorte une variante de celui de Gillespie.

Ajoutez à cela le fait que cet homme n'est pas seulement un pionnier du jazz moderne, mais encore un virtuose de son instrument et vous disposez des éléments indispensables à l'amorce de sa biographie.

La Révolution Be-Bop était en un sens devenue inévitable. Dans une société libre, chaque génération se rebelle contre les valeurs et les méthodes de la précédente presque aussi sûrement que le jour succède à la nuit. Seul le moment où cette réaction se manifeste est variable. Ainsi que le remarque avec justesse Malcolm Cowley dans son roman *A Second Flowering* : « Une génération n'est pas plus une question de dates que d'idéologie. Une nouvelle génération n'apparaît pas tous les trente ans... Elle apparaît quand les auteurs du même âge se rassemblent en une révolte commune contre leurs pères et quand ils découvrent, par l'adoption d'un nouveau mode de vie, leurs propres modèles et leurs propres porte-parole. »

Cowley parle en l'occurrence de littérature, et fait allusion à ce merveilleux groupe de créateurs nés entre 1894 et 1900 que Gertrude Stein baptisa avec une ironie comique : « la Génération Perdue ». Il songe ainsi à Scott Fitzgerald, à Hemingway, à John

Dos Passos, à E.E. Cummings, à Thornton Wilder, à Faulkner, à Djuna Barnes, à Tom Wolfe et à Hart Crane. Il n'en demeure pas moins que sa description s'applique à merveille à la situation du jazz au début des années 1940. Un groupe de jeunes musiciens talentueux étaient agités et frustrés ; ils désiraient se faire une place au soleil et étaient déterminés à y parvenir en renversant l'autorité du jazz de la Nouvelle Orléans, du Dixieland ainsi que celle des orchestres Swing.

En termes plus musicaux, ils rompaient avec les variations mélodiques simples et optaient pour une improvisation se fondant sur des progressions harmoniques différentes, et parfois difficiles, créant ainsi un nouveau type de mélodie. La rupture impliquait également un changement de rythme : ils tournaient le dos au traditionnel 4/4 des années 1930, et adoptaient un effet fragmenté, voire polyrhytmique, plus étroitement relié au phrasé d'un ou plusieurs instruments harmoniques. La basse devint le véritable pivot de la section rythmique ; le batteur acquérait une plus grande liberté, la guitare acoustique était reliée à une boîte électrique nommée « amplificateur » et le pianiste assurait un accompagnement en accords aux solistes. Il va de soi que des modifications aussi radicales engendrèrent un besoin de compositions nouvelles. Avec l'arrogance, l'insouciance et la confiance caractéristiques de la jeunesse, ces musiciens élaboraient des thèmes complexes et fascinants sur les structures en accords des chansons populaires, traditionnelles. Ils évitaient ainsi de devoir payer des droits d'auteurs et fermaient leurs portes à tous les musiciens qui ne sortaient pas du lot. « On ne voulait pas que ces vieux de la vieille se joignent à nous. Alors, on s'arrangeait pour qu'ils ne puissent pas nous suivre » (Kenny Clarke). Gillespie surenchérissait : « Il y en avait qui étaient tout simplement incapables de souffler dans une trompette, mais il leur fallait six ou sept chorus pour le prouver. Aussi, les après-midi avant une session, Thelonious Monk et moi élaborions-nous quelques variations complexes sur des accords et on les utilisait la nuit pour décourager les types sans talent. Après un certain temps, on s'est intéressé de plus en plus à la musique que nous faisions, on l'explorait de plus en plus. C'est comme ça qu'elle a évolué. »

« Be-Bop » est en soi un terme à moitié dépourvu de sens : il fut créé à l'origine pour décrire le son d'une phrase jouée par Dizzy. Il est cependant riche de signification lorsqu'on l'applique à la naissance d'un mouvement révolutionnaire que nous considérons comme étant le premier jazz moderne des années 1940. Les modernistes s'inspiraient d'idées et/ou d'attitudes diverses propres aux solistes de l'époque Swing, lesquels n'avaient par ailleurs aucun point commun ; il est impossible de les ignorer quand on s'intéresse à Gillespie. Ces hommes étaient Roy Eldridge et Harry Edison et surtout Lester Young. D'autres solistes du Swing (par exemple, le pianiste Clyde Hart) contribuèrent à établir un pont entre les deux mouvements. Ne passons pas non plus sous silence les grands contemporains des trompettes, Charlie Christian et Charlie Parker. Il importe que nous les évoquions et que nous envisagions leurs relations avec Gillespie.

Il n'est pas toujours facile de déterminer la paternité des diverses découvertes des modernistes. Léonard Feather s'est efforcé d'attribuer certains mérites. « En Californie, en 1940, Oscar Moore, le guitariste du King Cole Trio, termina *Sweet Lorraine*, le premier disque Decca du groupe, par un accord neuvième avec une cinquième infléchie (une trouvaille pour l'époque, un cliché aujourd'hui). Au Café Society à New York, Kenny Kersey, pianiste du Red Allen Sextet, passa d'un accord tonique à un accord de dominante via une progression originale de septièmes mineures. » Par ailleurs, Moore et Kersey n'exprimèrent qu'un intérêt passager pour le mouvement moderne.

Il va de soi qu'à ce stade la révolution se développait mais n'avait pas encore atteint les oreilles du public. Elle prenait forme dans l'esprit de certains et à la faveur de leurs échanges d'idées. Nous ne pouvons a posteriori fonder nos jugements que sur les manifestations qui nous sont parvenues. Il s'agit le plus souvent de disques et ceux représentant le be-bop du tout début des années quarante sont hélas rares. En dehors de cela, nous pouvons nous fier aux souvenirs de ceux qui participèrent au mouvement.

Un fait est toutefois indiscutable. Le premier jazz moderne devint — délibérément — la propriété exclusive d'un petit groupe de dissidents qui se rencontraient pour des sessions informelles au *Minton's Playhouse* de New York. Le club se situait sur la 18e Rue Ouest, juste à côté du plutôt minable *Cecil Hotel*. « Lorsque nous commencions à jouer ces différents enchaînements d'accords que nous avions mis au point, les spectateurs dont nous ne souhaitions pas la présence se décourageaient dès le premier chorus et s'en allaient les uns après les autres... » (Kenny Clarke).

Henry Minton, un ancien saxophoniste et délégué de Harlem auprès du Local 802, la section new-yorkaise de la Fédération Américaine des Musiciens, avait ouvert ce petit club pour que les jazzmen aient un endroit où se retrouver, se détendre et jouer s'ils le désiraient. Il y avait un bar, une scène et même un petit restaurant. « L'endroit n'était pas grand, mais il était agréable et intime. Le bar était à l'entrée et le cabaret dans le fond, là où le mur était couvert de dessins représentant des personnages atroces assis sur un lit en cuivre, ou discutant ou parlant à des filles.

« Pendant la journée, les gens écoutaient le juke-box et dansaient. J'y débarquais souvent et j'y ai passé de bons moments. C'est fou comme tout le monde était heureux — vivant, dansant et buvant. On avait l'impression que tout le monde parlait en même temps ; le bruit était terrible. Même les gosses qui jouaient sur le trottoir dansaient quand ils entendaient la musique » (Mary Lou Williams).

« Les choses ont commencé à bouger, question jazz moderne, chez Minton vers la fin des années quarante. Avant, l'endroit était fréquenté par des vieux bonzes, d'anciens potes de Mister Minton » (Kenny Clarke). La différence se fit sentir lorsque Teddy Hill, un ancien chef d'orchestre, devint manager de l'endroit. « Il m'a demandé d'amener un groupe. Oui, bien qu'il m'ait viré du sien quelques années auparavant parce que je commençais à jouer de la batterie à la nouvelle mode ! Pourtant quand Teddy a repris la boîte, la politique musicale de chez Minton s'est modifiée. Teddy voulait faire quelque chose pour les gars qui avaient joué avec lui. Il s'avéra être une sorte de bienfaiteur, le boulot étant rare à l'époque. Teddy n'a jamais essayé de dire aux gars comment ils devaient jouer. On jouait comme on le sentait » (Clarke).

Ils pouvaient donc se concentrer toute la nuit, s'ils le désiraient, sur leurs nouveaux thèmes (délibérément) difficiles. Ils étaient toutefois inflexibles et excluaient la « vieille garde » de tout ce qu'ils faisaient en matière de développement mélodique, harmonique et rythmique.

Le club ne tarda pas à devenir l'endroit par excellence où les modernistes les plus importants faisaient leurs preuves : Charlie Christian, Dizzy Gillespie, Thelonious Monk, Kenny Clarke et bientôt, inévitablement, Charlie Parker. Parmi les autres adhérents de la première heure citons les pianistes Bud Powell et George Wallington, le bassiste Oscar Pettiford (premier disciple du grand Jimmy Blanton), un jeune batteur doué Max Roach, un compositeur Tadd Dameron et un saxophoniste ténor Allen Eager. « Les gens adoraient la musique qu'on faisait. Ils venaient de kilomètres à la ronde — de Chicago, de partout pour nous écouter jouer. La plupart étaient des musiciens, mais il y en avait d'autres qui ne l'étaient pas. Ils se faisaient une obligation de venir nous voir. Earl Hines et les gars de son groupe débarquaient et jouaient avec nous. Dizzy était là, avec Roy Eldridge, Lips Page et Georgie Auld » (Kenny Clarke).

Il importe cependant, avant d'aborder l'importance de Charlie Christian, de Parker et d'autres compagnons de Dizzy de l'époque du Minton, et surtout avant de s'intéresser à la position de Dizzy lui-même, d'évoquer brièvement quelques précurseurs de ce grand trompette (et du be-bop). Deux d'entre eux sont également des trompettistes ; le troisième est un saxophoniste ténor. C'est par lui que je commencerai.

LESTER YOUNG, « Pres » (le Président) pour ses pairs, un surnom que lui attribua Billie Holiday, est né à La Nouvelle-Orléans. Il fit ses études à Kansas City et acquit une notoriété nationale dès 1937, époque à laquelle il jouait et enregistrait des disques avec Count Basie. Soliste exceptionnellement doué de l'époque du Swing, il exprima son mécontentement à l'égard de ce style d'une manière qui fit de lui une sorte de Voltaire du mouvement moderne. Ses enseignements influencèrent considérablement les musiciens ultérieurs ; lui-même ne participa toutefois pas au be-bop (pas plus que Voltaire n'aurait approuvé, me semble-t-il, la violence de la Révolution française). Il est probable que Parker et Gillespie soient allés quelque peu trop loin pour lui. En outre, il se sentait vraisemblablement plus en sécurité au sein de la classe musicale contre laquelle il s'était tout d'abord rebellé.

Lester disait : « Frankie Trumbauer fut ma première idole. Il jouait du saxophone en ut et j'ai essayé d'obtenir la même sonorité au ténor. C'est pour ça que le son de ma musique est différent de celui des autres. Trumbauer racontait toujours une petite histoire. Et j'aimais la manière dont il liait les notes. Il jouait d'abord la mélodie, puis il improvisait autour. » Mais, il admettait que : « Chaque musicien doit essayer d'être son propre styliste. Il vient un moment où vous devez aller de l'avant et raconter votre propre histoire. »

La manière dont Lester racontait une histoire consistait à produire un son doux, avec un timbre un peu voilé et un phrasé coulé, une ligne mélodique gentiment ingénieuse, suggérant ainsi qu'il était possible d'improviser de manière libre, sincère et imaginative sans les attaques parfois agitées à l'excès des formes de jazz antérieures. Il encourageait la relaxation et une approche plus réfléchie de l'improvisation — le soliste empruntant une voie détournée plutôt qu'évidente dans les variations qu'il jouait sur un thème. Cette nouvelle voie plaçait les thèmes sous un éclairage différent, surtout sur le plan harmonique, mais ne réduisait en rien leur côté swing.

Ross Russel écrivit : « Lester utilisait plus de notes et moins de notes que ses prédécesseurs. Mais l'abondance était équilibrée par la sobriété de la structure de ses solos. Sa pensée musicale s'écoulait plus librement que dans les confins traditionnels des sections à deux ou quatre mesures. Il songeait par rapport à une nouvelle ligne mélodique qui ne se soumettait qu'à l'harmonie de l'originale alors qu'il transformait la mélodie en quelque chose de nouveau et de plus personnel. Les progressions d'accord et de mesure sont arrangées avec une telle habileté que l'auditeur n'en prend le plus souvent conscience que lorsqu'ils sont joués. La méthode de Lester consiste à phraser à l'avance — il prépare et introduit la nouvelle phase quelques mesures plus tôt. Être capable d'évoluer si librement dans et hors des harmonies, avec une oreille si fine et une maîtrise si sûre, et retrouver à chaque fois la bonne note, la bonne mesure — telle est la marque du génie. »

Le jeu de Lester était léger, mais par-dessus tout *libre.* Derrière une insouciance apparente, se cachait un esprit très éveillé, avide d'idées moins évidentes mais nullement moins créatives. Il était capable de prendre un thème, de le plier, de le tordre, de le vider de sa substance essentielle et en définitive de le transformer totalement. « Le son de Lester sur ces vieux enregistrements de Basie est une véritable merveille de saxophone ténor, de pureté de son. Combien de musiciens n'a-t-il pas influencé, combien de vies ! » (Lee Konitz).

Après Lester maints jeunes jazzmen étaient désormais en mesure de dire avec Gauguin : « Vous connaissiez depuis longtemps ce que je désire établir. *Le droit de tout oser.* »

Les deux trompettistes qui ouvrirent la voie à Gillespie eurent une importance toute différente.

LOUIS ARMSTRONG (1900-1971), le premier grand soliste du jazz, avait rompu avec l'ancienne manière collective de jouer de La Nouvelle-Orléans et avait transformé son instrument en un moyen d'exprimer une virtuosité individuelle. Il avait totalement dominé les années 1920 avec un style puissant, énergique et il utilisait la technique d'une manière étonnamment inventive. Il était également plus audacieux sur le plan rythmique que ses prédécesseurs, prenant des libertés avec son phrasé et avec son accentuation pour renforcer la chaîne d'idées. Qui plus est, il exprimait un lyrisme intense et ambitieux ; et bien que Dizzy Gillespie réinterprétera et restructurera, à son tour, le phrasé du jazz à la trompette, il n'essaya jamais de rompre avec les qualités agressives d'Armstrong. La puissance de la sonorité demeura une composante essentielle de son œuvre. Il en va de même de l'émotion intense et extrême.

ROY ELDRIDGE fit son apparition dans les années 1930, lorsque apparurent un certain nombre de traitements nouveaux du jeu à la trompette. Rex Stewart se dirigeait, au sein de l'orchestre de Duke Ellington, vers un style plus personnel : les effets « growl », à demi-piston et l'utilisation nouvelle des sourdines produiraient des solos tels que *Menelik — The Lion of Judah.* Henry « Red » Allen jouait des intervalles mélodiques comme on n'en avait encore jamais entendus en jazz. Il y avait en outre deux jeunes stylistes de talent dans l'orchestre de Count Basie : Buck Clayton et Harry « Sweets » Edison. Mais c'est Eldridge qui devint le véritable chef de file des trompettistes à la fin des années 1930.

En 1927 — il était alors âgé de seize ans — il avait quitté le domicile familial de Pittsburgh pour se joindre à un spectacle ambulant : les *Nighthawk Syncopators.* Il n'était pas encore capable de déchiffrer la musique, et le seul moyen dont il disposait pour conserver son emploi consistait à apprendre note après note et à reproduire sur sa trompette le solo de saxophone ténor de Coleman Hawkins dans

*Stampede* (enregistré avec Fletcher Henderson). Il copia ensuite d'autres solos de Hawkins et quelques-uns de Benny Carter. Il avait ainsi échappé, inconsciemment, à l'influence de Louis Armstrong et avait ouvert les portes menant à une nouvelle méthode de phrasé. Des années plus tard, Roy prit le temps d'écouter Armstrong, à New York, et affirma que l'expérience l'avait enrichi sur le plan de la continuité mélodique. Elle lui avait également appris à construire des gradations. Mais à ce moment son style était déjà forgé.

La base de la méthode d'Eldridge, qui forme avec celle d'Harry Edison un pont vers le jeu de Dizzy Gillespie, est à rechercher dans ces solos de saxophone qu'il pirata dans sa jeunesse. Son jeu est beaucoup plus rapide que celui d'Armstrong — incluant même de brusques changements de tempo internes. Chaque phrase comporte en outre plus de notes et il suit les accords d'un morceau avec autant de facilité et de souplesse que le ferait un saxophoniste. Il existe même des similitudes entre les contours des lignes qu'il improvise et les variations mélodiques d'Hawkins et de Lester Young, ses premiers maîtres. Faut-il en déduire que son style se fondait uniquement sur l'adaptation ? Non, pas entièrement, parce que Roy y ajouta certaines qualités propres. Il est une force spontanée, émotionnelle quand il joue. En outre, pour autant que la compagnie soit bonne, il ne tarde pas à s'enflammer et s'efforce alors de se pousser au-delà de ses limites naturelles. Il en résulte parfois un jazz étonnant. Il essayera d'atteindre des notes élevées qu'Armstrong ne visait même pas, et le plus souvent il y parviendra. Il est agile, brillant, imprévisible. Il possède un sens de la forme inférieur à celui des meilleurs solos d'Armstrong (ou de Gillespie), mais on le remarque à peine quand il s'embrase et que ses idées se ruent sur vous telles une éruption volcanique. « Ce sont les sentiments de Roy qui pressent les pistons, pas ses doigts » (Don Ferrara). Ajoutez à cela ce que Gillespie avait découvert du jazz avant le — et au — *Minton's Playhouse*, et vous avez les éléments nécessaires à la formation de son style original.

Entre-temps, la situation commençait à évoluer rapidement au *Minton's* — essentiellement sous la pulsion du guitariste Charlie Christian, avant l'éclatement de Charlie Parker et de Dizzy Gillespie.

Thelonious Monk formulait au piano bon nombre de nouvelles harmonies, tandis que Kenny Clarke introduisait dans le jeu de batterie le rythme croisé les temps et les ponctuations caractéristiques du Be-Bop. Mais Christian fut véritablement le Che Guevara du mouvement moderne : le révolutionnaire intrépide qui mourut jeune. Dizzy, quoiqu'étant un révolutionnaire tout aussi important, évoque plutôt Fidel Castro : un pragmatiste, solide et qui dure. Charlie Parker, le génie indubitable de la Révolution Be-Bop, se situe quant à lui entre ces deux positions.

CHARLIE CHRISTIAN fut un révolutionnaire dans presque tout ce qu'il entreprit. Django Reinhardt avait déjà introduit avant lui un style consistant à pincer une seule note à la fois sur une guitare de jazz. Il en résultait cependant des fragments de mélodie délicatement poétiques, évoquant ses racines ethniques. Je doute que Christian, né en 1919 à Dallas et élevé à Oklahoma City, ait possédé une connaissance quelconque de la poésie musicale européenne, — ou du folklore européen en général. Il connaissait en revanche la musique populaire de son pays : le blues. Il avait par ailleurs l'aplomb de bouleverser cette forme musicale. En outre, ayant fait des tournées avec divers combos locaux, il avait découvert les jams de Kansas City et avait eu assez de sensibilité pour comprendre ce qui était prêché dans ces milieux. Il avait particulièrement assimilé les sermons du saxophone ténor de Lester Young. Bientôt Charlie (à l'instar de Roy Eldridge) fut capable d'improviser sur sa guitare des lignes de saxophone, des lignes composées d'une note unique, longue et maintenue apparemment sans effort, se fondant sur des accords plutôt que sur une série de variations purement mélodiques, et tirant une saveur harmonique supplémentaire de sa formation blues. Désireux de se rapprocher au maximum de la sonorité du ténor de Lester, il commença à travailler avec une guitare amplifiée — ce qui l'amena à extraire la guitare de la section rythmique du jazz pour l'incorporer au phrasé des cuivres ou encore à l'ensemble des instruments.

Charlie en était à peu près à ce stade lorsque John Hammond, de passage à Oklahoma City, l'entendit jouer. Un télégramme et un peu de persuasion débouchèrent sur une audition avec Benny Goodman. « Ils ont joué *Rose Room* pendant quarante-huit minutes ! John (Hammond) avait participé à la plupart des triomphes de Goodman ... mais jamais il n'avait vu personne être aussi sidéré que Benny ce soir-là. En apparence, Charlie n'avait cessé de produire des riffs, des rythmes et des changements d'accords chorus après chorus. Ce fut la première envolée de Benny sur un nuage amplifié électroniquement » (Bill Simon).

Christian joua avec l'orchestre de Goodman jusqu'au début de 1941 lorsqu'une crise de tuberculose l'empêcha de poursuivre sa carrière. Il mourut l'année suivante, à l'âge de vingt-trois ans... Nombre de ses performances avec Goodman se fondent sur ses propres figures thématiques et suggèrent une phase ultérieure de développement révolutionnaire. Charlie imposait en effet des modifications plus radicales au blues. Il interprétait des changements d'accords, ouvrant de manière plus large la brèche amorcée par Lester Young, jouant des phrases de huit notes, incluant ce que l'on considérait alors comme des intervalles étranges, notamment une neuvième, une neuvième infléchie ou la fameuse septième diminuée qu'il appréciait tout particulièrement. Charlie imposa également des modifications aux lignes mélodiques traditionnelles, qu'il défaisait et rebâtissait sur des figures de riff d'une manière évoquant les compositions ultérieures de Parker et de Gillespie pour leurs petits groupes jouant à l'unisson. Il introduisit enfin des changements rythmiques. Il est vrai que Christian était capable de se révéler un swinger formidable interprétant le 4/4 régulier cher à Basie, pourtant cette démarche n'était pas suffisante pour ce pionnier. Il commença à accentuer puis à augmenter la pulsion classique des années trente, « plaçant des *off-beats* aux endroits les plus surprenants, sous-divisant souvent le temps de 4 en 4, etc. Il développait toutes ces tendances après les heures d'ouverture du Minton's.

C'est là que Charlie avait l'occasion d'improviser à loisir, de rencontrer et de travailler avec d'autres modernistes. Il devint membre de l'orchestre « maison » non-officiel avec Kenny Clarke et Monk. L'orchestre de Benny Goodman s'étant installé à l'époque à New York, cela lui était d'autant plus facile. Le guitariste n'avait qu'à sauter dans un taxi pour passer d'un engagement à l'autre. Dizzy Gillespie se joignait souvent au groupe et le jazz était alors à la fête, Charlie ayant la possibilité d'échanger des idées aussi longtemps que le trompettiste était disposé à jouer. D'autres musiciens ne faisaient que passer, d'aucuns valables, d'autres médiocres (Joe Guy notamment), mais Charlie fréquenta le club jusqu'à ce qu'il soit trop malade pour jouer. Il s'était fait construire un second amplificateur pour le Minton's et il ne se reposait jamais entre les sets — ce qui n'était pas fait pour améliorer son état physique.

Il exerça une influence capitale sur les musiciens qui eurent la chance de jouer avec lui ; la majorité d'entre eux s'accordent à reconnaître qu'il était tout à la fois un soutien et un défi. S'il avait survécu jusqu'à nos jours, il occuperait sans le moindre doute une position de premier plan. En 1940/41 il tira les premières salves signalant que le mouvement moderne devait s'affirmer et devenir une force établie. Puis, hélas il s'éteignit...

Il nous reste à évoquer un musicien qui entretint une relation — évidente — avec Dizzy Gillespie.

CHARLIE « YARDBIRD » PARKER. Après la mort de Charlie Christian, Gillespie et Parker allaient totalement dominer le jazz moderne/be-bop pendant une quinzaine d'années. J'ai écrit un jour que Charlie Parker était un explorateur du jazz qui possédait comme boussole un merveilleux sens de l'harmonie. Bird lui-même se souvient : « Un soir avant que n'existe le Monroe's je faisais une jam dans une boîte à chili sur la Septième Avenue, entre la 139e et la 140e Rue. C'était en décembre 1939. J'étais fatigué des progressions d'accords stéréotypées qu'on utilisait sans cesse à l'époque, et je me répétais constamment qu'*il devait y avoir autre chose*. Je l'entendais mais j'étais incapable de le jouer. Or ce soir-là je travaillais *Cherokee*, et j'ai découvert qu'en utilisant les intervalles supérieurs d'un accord comme ligne mélodique et en les soulignant par des progressions appropriées, j'étais en mesure de jouer ce que j'entendais. Je me suis éveillé à la vie. »

En réalité, il en arrive à superposer des changements d'accords à une vitesse que n'avait jamais égalée aucun saxophoniste avant lui. Il jouait à une vitesse telle qu'un soir où Bird jouait au Minton's sur un saxophone ténor qu'on lui avait prêté, le prodigieux Ben Webster le lui arracha des mains s'écriant en colère : « Cet instrument n'est pas censé jouer aussi vite. » « Mais Ben sillonna ensuite la ville racontant partout : *Vieux, j'ai entendu un gars — je vous jure qu'il va rendre fou tous les ténors.* Le fait est que Bird n'a jamais aimé le ténor. Il n'en demeure pas moins qu'il jouait comme un dément sur cet instrument ! » (Billy Eckstine) La dextérité n'était toutefois qu'une des qualités de Parker ; une qualité sujette à son inventivité.

Il était né à Kansas City en 1920, et dès quinze ans il était déjà sur la route, jouant avec l'orchestre de Jay McShann. Hélas, cette précocité lui fit découvrir le revers de la médaille du rêve américain bien avant qu'il n'ait perdu toute son innocence ; il en arriva ainsi à devoir payer son lourd tribu à la dépendance à l'héroïne. Il joua avec divers groupes, mais son instabilité lui fit perdre nombre d'emplois à peine les avait-il décrochés. Charlie s'installa à New York au début de l'année 1941. Il pouvait dès lors emprunter un saxophone (alto ou ténor) et se produire presque tous les soirs au Minton's, où il échangeait des idées originales avec Dizzy, Monk, Kenny Clarke, etc. Ceux-ci ne tardèrent pas à réaliser qu'il était le musicien dont le jazz moderne ne pouvait se passer.

Il se joignit au début de 1943 à l'orchestre d'Earl Hines, et conserva son poste pendant un an. Billy Eckstine se souvient que les autres musiciens s'efforçaient souvent de dissimuler le fait qu'il s'endormait à — ou sous — son pupitre ! Des lunettes fumées l'aidaient à sauver la face. Puis en 1944 il partit en tournée avec le grand orchestre d'Eckstine ; ce fut son dernier emploi en tant que sideman. L'acceptation soudaine du be-bop par le public de la Côte Est lui permit ensuite de jouer au sein d'un quintette avec Dizzy, ou encore de diriger le sien sur la 52$^{e}$ rue de New York.

Une trompette et un saxophone alto jouant à l'unisson à l'avant-plan constituerait jusqu'à la fin de sa vie sa formule de prédilection. Elle servit de trame à la plupart de ses grands enregistrements et exerça une influence considérable sur les jeunes jazzmen qui ne tardèrent pas à l'idolâtrer. Lorsque Dizzy opta pour les plus grandes formations, Parker engagea Miles Davis ou Kenny Dorham à la trompette. Ses pianistes favoris — et ceux de Dizzy à l'époque — étaient le fastidieux et néanmoins superbe swingman Al Haig, puis Duke Jordan. Ils employèrent également en diverses occasions Bud Powell, mais la personnalité explosive de ce dernier était trop proche de celle de Bird pour que les deux hommes se complètent de manière harmonieuse. La batterie était le plus souvent tenue par Max Roach, le premier et le plus brillant disciple de Kenny Clarke.

L'allusion à la personnalité de l'altiste nous rappelle que sa créativité était très dépendante de son état mental et physique. La production de Charlie souffrait souvent de l'emprise terrible de son intoxication. Un jour qu'il travaillait sur la Côte Ouest il dut boire près d'un litre de whisky avant de pouvoir commencer la séance d'enregistrement, au cours de laquelle il s'évanouit d'ailleurs et dut être hospitalisé. Cet épisode est à l'origine de sa composition ultérieure *Relaxin' at Camarillo.* A d'autres moments, lorsque son problème lui accordait un répit relatif, sa musique atteignait un niveau d'inspiration inégalé en jazz moderne. Son jeu se caractérisait par une coordination prodigieuse de l'esprit et des doigts. Son imagination était d'une fertilité telle que nous commençons à peine à nous remettre de l'onde de choc qu'il produisit.

Parker était une voix à part entière ; avec pour

seules influences apparentes, outre celles de Buster Smith de l'orchestre de Basie, celles du blues et des séances avec Dizzy Gillespie au Minton's. Pourtant, à l'instar de Christian et de Dizzy, Charlie avait horreur des frontières et employait sa grande technique pour les dépasser. Ses modifications de rythme spectaculaires, ses allées et venues rapides sur les tempos redoublés l'insertion de staccato enlevés entre des phrases legato plus fluides : telles furent les outils auxquels il recourut pour abattre les barrières. Sa technique lui conférait en outre la puissance nécessaire pour renverser tous les obstacles du jazz traditionnel. Il souscrivait à la théorie de l'application de l'atonalité en musique, et bien qu'il ne vécut pas assez longtemps pour l'adapter au jazz, celle-ci n'en résume pas moins son approche, à savoir : l'inventivité d'un soliste ne doit pas être soumise à des règles académiques. Il considérait que la technique dépourvue d'une riche gamme d'expressions était inutile. Il passait d'une source mélodique à une source harmonique lorsque cela contribuait à enrichir sa propre inventivité mélodique. Il déclara : « Le jazz moderne est une tentative pour jouer proprement et pour rechercher les belles notes. » Il aurait pu ajouter que dans son cas cette beauté émergeait d'une sélection des notes et des intervalles entre les notes (souvent) les plus difficiles, et que le swing était présent en dépit des rythmes saccadés du be-bop, car le swing était inhérent à sa nature.

Il convient en outre de mentionner le caractère spécifique de sa sonorité. Une sonorité des plus personnelles, très vocalisée, très différente de celles suaves de ses aînés Benny Carter et Johnny Hodges. Il produisit une sonorité claire et perçante et néanmoins riche et amère évoquant la saveur d'une olive. Elle traduisait la tension émotionnelle intense de l'homme.

Je sens chez lui un sentiment d'urgence et une richesse intérieure tels que n'en possède qu'un seul musicien par génération. Bird avait beaucoup de choses à dire, pourtant il ne fut qu'une extension des traditions principales de la musique. Lorsqu'il enregistra son célèbre blues lent, *Parker's Mood*, en 1948 il partagea avec l'auditeur une expérience des plus émouvantes. On avait l'impression d'entendre un frère cadet de Louis Armstrong ou de Sidney Bechet. C'est de cette manière qu'il rendait en fait plus compréhensible son message.

En 1949, à Paris, Charlie déploya devant moi, en l'espace d'un concert unique, ce qui paraissait être les réalités de la musique nouvelle. Il le fit *avec force et clarté*. J'écrivis quelque temps plus tard : « Découvrir soudainement un artiste de cette stature est en soi un Livre des Révélations[1]. Une esquisse de Daumier. Une strophe de Pope[2]. Quelles perspectives une découverte accidentelle ouvre-t-elle au profane ! » J'étais relativement méfiant à l'époque à l'égard du jazz moderne. J'étais jeune et les foudres de la critique s'abattaient encore sur lui tant aux États-Unis qu'en Europe. Pourtant Parker avait à peine mis le pied sur la scène, dans son costume rayé

1. L'auteur parle en anglais du *Book of Revelations*, qui correspond en réalité à l'*Apocalypse de Jean*. J'ai toutefois conservé la traduction littérale du titre anglais, faute de quoi la phrase aurait été vide de sens en français. N.d.T.
2. Alexander Pope est un poète et essayiste anglais (1688-1744).

froissé, et entonné ses premières mesures que je sus — instantanément — que le nouveau jazz survivrait à ses détracteurs. L'écrivain canadien Daniel Halperin se souvient d'avoir été bouleversé par la présentation du Bird à Paris. « Après cela », me confia-t-il, « j'ai marché jusqu'à un café ouvert toute la nuit de la Place Clichy. J'ai commandé un verre, puis un autre, et j'étais toujours installé là lorsque le mitron apporta à l'aube les croissants frais. Je pensais toujours au Bird ! »

Je n'ai jamais cessé, depuis ce jour, de considérer Parker non seulement comme un musicien génial mais encore comme une conscience musicale essentielle du jazz : gouvernant la volonté de liberté parfois irresponsable du mouvement moderne. Ross Russell intitula sa biographie de Charlie Parker : *« Bird Lives ! »* (Bird vit !) Et il est certain que tout musicien important de l'époque actuelle se réfère toujours à lui...

Charlie Parker mourut le 12 mars 1955 à l'âge de trente-quatre ans. Il s'éteignit dans l'appartement de la baronne Koenigswarter en regardant les frères Dorsey à la télévision. L'autopsie révéla que la mort était due à une cirrhose du foie et aux effets à long terme de l'héroïne.

Une semaine avant son décès Charlie avait rencontré Dizzy Gillespie dans Basin Street Est. Désespéré, désemparé il avait supplié Diz : « Retrouvons-nous. Je veux à nouveau jouer avec toi avant qu'il ne soit trop tard. »

« Dizzy est incapable d'oublier que Bird lui a dit ça », avoue Lorraine Gillespie. « Ses yeux se remplissent de larmes même aujourd'hui lorsqu'il pense à ce jour-là. Il était à l'étage au-dessous une semaine après cette rencontre dans Basin Street lorsque j'ai entendu des pleurs. Quelqu'un venait de lui téléphoner pour lui annoncer que Charlie était mort. Je n'ai rien dit. Que pouvait-on dire ? Je l'ai laissé pleurer. »

Des propos tels que ceux-ci illustrent bien le caractère fascinant de Dizzy Gillespie. C'est un homme chaleureux, généreux, dévoué à ses amis, qui possède un grand sens de l'humour et est toujours désireux de divertir et de satisfaire la foule de ses admirateurs.

Je voudrais citer une anecdote parmi tant d'autres caractéristiques de sa gentillesse foncière. Elle me fut comptée par Keith Galdson, le guitariste et compositeur aveugle originaire de la Jamaïque mais qui vécut de nombreuses années en Grande-Bretagne. Il y a toujours beaucoup d'émotion dans sa voix lorsqu'il évoque Gillespie. « Je l'ai rencontré pour la première fois sur les bords de la Tamise. Cela se passait à Meadhurst, là où la *British Petroleum* possède un terrain de sport. Il s'amena avec ses amis Jimmy et Janet Wright. Il portait apparemment un Stetson, que bien entendu il m'était impossible de voir. Il n'a pas tari d'éloges pour ce que j'avais fait. Je veux dire que cet homme est un géant, une légende vivante et *il louait ce que moi j'avais fait* ! Il est allé plus loin encore, il a insisté pour que ma femme et moi (elle aussi est aveugle) nous nous rendions chez Ronnie Scott en tant que ses invités personnels. Lorsque nous sommes arrivés, il avait tout arrangé, les tables, les boissons, tout. Après sa prestation il est venu vers moi, il a passé son bras autour de mes épaules et il a dit que je devrais lui adresser tous les thèmes que j'écrirais, à lui personnellement. Je lui ai depuis consacré un morceau, *Dizzy Flight.* Je crois qu'il est comme ça. Il est aussi prodigieux en tant qu'homme qu'en tant que musicien. »

En revanche, personne ne doit essayer de le rouler. Il est très homme d'affaires, un organisateur brillant et sans doute l'homme le plus calculateur parmi les pionniers du jazz moderne. Teddy Hill déclara un jour que « Dizzy est pareil à un renard ». En 1956, alors qu'il était un personnage célèbre dans le monde entier, il fit une tournée de plusieurs semaines organisée par le Département d'État au Moyen — et en Extrême — Orient. Son salaire à l'époque était supérieur à celui du président des États-Unis qui était alors Dwight D. Eisenhower. Plus tard, lorsque l'orchestre se rendit en Équateur et qu'il apprit que l'air était raréfié dans cette partie des Andes autour de la capitale Quito, il laissa Joe Gordon assumer tous les solos de trompette. Joe, qui était jeune et désireux de montrer ce dont il était capable, accepta sans hésitation — le concert manqua de le tuer...

Quoi qu'il en soit Dizzy a duré. Il n'a jamais touché à la drogue. Il mange une nourriture saine et même aujourd'hui alors qu'il est toujours capable de produire de merveilleux solos, il ne perd jamais de vue le fait qu'il est important pour un homme de trouver son propre rythme. Après avoir interprété une série de chorus étonnants, dans le registre aigu, des chorus éprouvants pour les lèvres, il jouera le morceau suivant aux congas, voire au piano. A d'autres moments il invite son jeune (et brillant) protégé Jon Faddis à partager les chorus de trompette. Il est toujours conscient, absorbé *et pensif*, mais tout à la fois extraverti, exubérant et enthousiaste. Il convient de ne pas perdre de vue le fait que derrière les scats et l'attitude clownesque de l'homme se cachent de merveilleux talents. Il devint le principal soliste du vrai jazz moderne après Charlie Parker ; il fut le premier musicien à rassembler les nouvelles idées et les nouveaux musiciens dans des groupes, tant petits que grands, dont il fixa la structure. Il n'a jamais cessé d'être le trompettiste le plus raffiné, le moins orthodoxe de son temps. Il n'est peut-être pas surprenant que sa distraction préférée consiste à jouer aux échecs — un passe-temps auquel il excelle d'ailleurs...

Son nom complet est John Birks Gillespie, ce qui explique le titre d'une de ses compositions les plus célèbres, *Birks' Works. Dizzy* apparut bien plus tard, en raison de son comportement délibérément excentrique au sein de diverses grandes formations. Il est né à Cherow, en Caroline du Sud, le 21 octobre 1917. Il était le neuvième et dernier enfant de Mme Lottie Gillespie (seuls six d'entre eux survécurent). Le milieu familial était modeste mais — contrairement au Bird — il fut entouré de beaucoup d'amour, ce qui est probablement significatif. « Mon père traitait vraiment bien ma mère », confiera-t-il à Richard Boyer du *New Yorker*. « Il lui offrait des trucs très chers. J'avais pourtant peur de lui. Il grondait quand il parlait. C'était un vrai homme. Il n'avait pas une voix comme ça », et il termine sa phrase par un falsetto. « Je prenais une trempe tous les dimanches matin. Je m'en sortais bien à l'école, mais je n'étudiais pas beaucoup. Je me battais tous les jours. » Les deux ingrédients de son enfance furent donc : amour et discipline ferme.

Par ailleurs, ce fut grâce à son père qu'il découvrit la musique. Maçon de profession, le père de Gillespie dirigeait en amateur un orchestre local. Les différents instruments du groupe étaient en général stockés dans la maison familiale. Le jeune Dizzy aimait s'amuser avec eux. *Quand le vieux était absent bien sûr !*

En 1927, lorsque son père mourut, il décrocha une bourse pour le *Laurinsburg Institute* en Caroline du Nord, une école technique pour Noirs, où il pouvait en outre étudier la théorie musicale et l'harmonie. A quatorze ans il commença par jouer du trombone, mais cela ne lui plaisait pas et il emprunta la trompette d'un ami avant de se procurer la sienne. Il ne suivit pas une formation formelle et n'apprit à lire à vue à la trompette que quelques années plus tard. En 1935, la famille alla s'installer à Philadelphie et ainsi Dizzy n'obtint pas son diplôme. Il ne lui serait attribué que deux années plus tard.

A Philly[1], Dizzy, qui avait alors dix-huit ans, se fit engager dans l'orchestre de Frank Fairfax — où il joua avec Charlie Shavers, un cousin, et un autre trompette, Carl Warwick, qu'il engagera plus tard dans l'un de ses groupes. Son jeu était alors très influencé par celui de Roy Eldridge — mais il

1. Philadelphie. N.d.T.

sentait que quelque chose de nouveau germait et il entendait y participer sans tarder.

En 1937, il remplaça Eldridge lui-même dans l'orchestre de Teddy Hill. Le groupe préparait une tournée en Europe. Son approche non-orthodoxe des nouvelles partitions (il commençait par les interludes et les montées), ses parodies des autres musiciens du groupe et ses étranges habitudes vestimentaires (il s'était mis à porter un béret et exhibait un grand fume-cigarette) lui valurent des ennuis. Plusieurs sidemen menacèrent de quitter le groupe s'il n'était pas renvoyé avant la tournée. Teddy Hill réussit en définitive à calmer les esprits, mais Dizzy fut relégué au rang de troisième trompette. Ses seuls solos en Europe furent ceux qu'il interpréta à l'occasion de jam hors contrat au club The Nest à Londres.

De retour à New York il lui fallut patienter six mois avant d'obtenir une carte du Local 802. Il retrouva ensuite l'orchestre de Hill : il gagnait alors 45 $ par semaine. C'est également à cette époque qu'il rencontra sa future épouse, la danseuse Lorraine Willis.

La plupart des sidemen de Hill jugeaient que les sons que Dizzy s'efforçait de tirer de son instrument relevaient de la démence. Kenny Clarke ne partageait pas leur opinion. Dizzy était en fait le seul musicien du groupe qui l'intéressait lorsqu'il reprit la batterie dans l'orchestre de Teddy Hill en 1939. Clarke était passionné par ses expériences personnelles à l'époque, brisant le 4/4 traditionnel avec des accents et des rythmes superposés. Il commença à lire les parties de trompette et réussit à suivre leur phrasé sur son instrument. Dizzy de son côté lisait les parties de batterie, phrasant à partir d'elles. Il lui arriva souvent, au cours des deux années suivantes de faire des jams dans l'orchestre de Cab Calloway avec le bassiste Milt Hinton et il constata qu'il lui était également possible de phraser avec cet instrument. En outre, son travail avec Calloway lui permit enfin d'assumer des solos sur disques ; songeons à *Pickin' the Cabbage* (thème et arrangement personnels), *Hard Times* et l'excellent *Bye-Bye Blues.*

A partir de 1940, lorsque Kenny Clarke amena les vestiges de l'orchestre de Teddy Hill au Minton's, le nouveau modernisme commença à se cristalliser. A chaque fois que Cab Calloway jouait à New York, Dizzy rejoignait le groupe de Kenny. Il avait déjà assimilé les enseignements rythmiques de ce dernier. Jouant maintenant aux côtés de Clarke il fut amené à rencontrer le pianiste Clyde Hart et à découvrir les expériences de composition inépuisables de Thelonious Monk, ainsi que le travail de Charlie Christian. Quelques mois plus tard Charlie Parker fit son apparition. A ce moment Dizzy avait quasiment trouvé sa voie.

Milt Hinton se montre plus précis : « Lorsque Dizzy se joignit à l'orchestre Calloway au début des années quarante, la première impression qu'il produisit fut qu'il était très progressiste — plus encore que Chu Berry. Chu et Dizzy ne s'entendaient pas très bien. Ils avaient déjà joué ensemble avec Teddy Hill. Chu était la vedette chez Calloway et pas Dizzy... mais le style de Chu se fondait sur des schèmes riff et sur la rapidité de jeu. La musique de Dizzy était beaucoup plus excitante. Elle n'était pas encore parfaite. Il essayait de faire des trucs mais n'y parvenait pas. J'admirais néanmoins ses efforts. Il attaquait par exemple une longue progression se terminant par une note haute et ne réussissait pas à l'atteindre. Cab se foutait en rogne et certains types de l'orchestre disaient : *Bien essayé, fiston, remets ça.* Mais la plupart ne croyaient pas qu'il arriverait à quoi que ce soit.

« J'étais une sorte de laboratoire pour Dizzy dans l'orchestre de Calloway. Il était facile de prendre une basse à l'écart, aussi je l'accompagnais tandis qu'il essayait des accords et des progressions différents. »

Un autre sideman de Calloway, le guitariste Danny Barker, confirme qu'entre les spectacles Dizzy et Hinton s'en allaient ensemble et ce qu'ils faisaient demandait une sérieuse concentration sur les harmonies. Dizzy était très énergique, un type très chouette, très aimable. Il n'avait pas le caractère envieux et jaloux qu'acquirent beaucoup de grandes vedettes.

« Cab avait quelques merveilleux arrangements au programme. Parfois après le spectacle... il jouait pour faire danser. Dizzy plaçait ses solos et Hinton suivait le mouvement. Il arrivait souvent que ce que Dizzy jouait était contraire à l'arrangement. Mais Milt me regardait et j'adoptais l'accord pour suivre le mouvement. Ça me paraissait intéressant et beau mais ça mettait Cab en colère... il montrait Diz du doigt et disait : *Je ne veux pas que tu joues cette musique de Chinois dans mon orchestre.*

« Mais Diz continuait à travailler sur ces merveilleux schèmes et je crois que ce fut le vrai début des nouvelles sonorités. Ensuite j'ai entendu dire qu'il y avait en ville un type nommé Bird et un autre le Mad Monk[1] et qu'ils travaillaient tous au Minton's. »

Quoi qu'il en soit il semble qu'au cours de l'année suivante une synthèse de tout ce qui se produisait au Minton's était advenue conférant à Dizzy sa méthode de jeu dynamique. Celle-ci aurait été impossible s'il n'avait développé parallèlement une technique remarquable pour l'accommoder. Il élargit l'étendue normale de la trompette de jazz allant jusqu'à dépasser dans cette voie Roy Eldridge. Il était capable de jouer des phrases complexes dans le registre le plus élevé alors que d'autres parvenaient à peine à décrocher une note unique. Il apprit à jouer rapidement mais avec souplesse. Sa rapidité lui permettait de suivre le rythme de Charlie Parker, sa souplesse les solos intriqués sur les accords les plus complexes de Monk. Seule sa sonorité demeurait proche de celle d'Eldridge : une sonorité chaude, cinglante.

Revenons-en à la synthèse. Celle-ci reprenait un peu de ce que faisaient tous les personnages importants du Minton ainsi que certaines idées personnelles. De son travail avec Kenny Clarke (et Milt Hinton) naquit presque une interdépendance de la mélodie et du rythme. Un élément tendait à définir l'autre ; ainsi un solo de Gillespie, son alternance d'envolées rapides et de phrases régulières sur le temps, etc., s'accordaient parfaitement aux accents, aux breaks rythmiques et aux syncopes de l'accompagnement. C'est sans doute à Clyde Hart (1910-45)

1. Le « moine fou » (jeu de mot sur *monk*) : Thelonious Monk. N.d.T.

qu'il emprunta les aspects plus doux, plus fluides et pianistiques des improvisations be-bop — qui lui inspirèrent à leur tour de nouvelles compositions (utilisant souvent les harmonies d'anciennes chansons telles que *How High the Moon* et *I Got Rhythm*). Après avoir joué avec Monk, Dizzy fit bon usage de progressions harmoniques improbables, d'intervalles surprenants et de dissonances calculées. Ses emprunts à Charlie Christian ne sont pas toujours évidents. L'insertion de phrases rapides de huit notes se classe sans conteste dans la catégorie des emprunts directs ; il n'en va pas de même de la superposition d'un nouvel accord sur la progression fondamentale, suggérant des tonalités différentes tout en demeurant harmonieux. Enfin, il puisa chez Charlie Parker certaines idées relatives à la manière de transformer tous ces ingrédients en un langage mélodique frais, riche et excitant. Par ailleurs l'insertion ingénieuse d'appogiatures et d'accords de passage dans la structure de son improvisation est un apport purement personnel. Il en va de même de son jeu de figures riff se fondant sur les harmonies be-bop, de sa tendance à introduire des rythmes étrangers en jazz, notamment dans *Night in Tunisia*, et de ses expériences afro-cubaines ultérieures...

La collaboration de Dizzy avec Cab Calloway s'acheva en septembre 1941 par ce qui serait en réalité la dernière frasque de jeunesse de Gillespie. Il ne perdit jamais son sens de l'humour (heureusement), mais après cet incident, il cessa de se montrer irresponsable en face d'un public ; il devint même l'un des leaders du jazz les plus mûrs et les plus fiables. L'histoire raconte que ce soir-là il avait été accusé à tort d'avoir jeté des boulettes de papier mâché au milieu d'une prestation à Hartford, Connecticut. Le véritable coupable était en fait un autre trompettiste : Jonah Jones. Calloway — qui considérait qu'il était le seul à pouvoir faire de l'humour sur scène — éprouvait une certaine rancune à l'égard de Dizzy à qui il reprochait d'avoir essayé de l'éclipser en diverses occasions. Il s'ensuivit donc une altercation en coulisse. Milt Hinton se souvient : « Cab a giflé Diz, et avant qu'on ne parvienne à les séparer, Diz lui avait tailladé la cuisse. Cab ne s'est rendu compte qu'il était blessé qu'en arrivant dans sa loge et en découvrant le sang sur son pantalon. »

Le magazine *Down Beat* titra : « Cab Calloway a toujours mal aux fesses. » Il aurait ajouté qu'à cette époque et même de nos jours, de nombreux musiciens transportent des couteaux et certains même des armes, avec pour seule intention celle de se protéger. Je me souviens de ma surprise lorsque je vis Roy Eldridge ouvrir la valise de sa trompette — il y avait à côté de l'instrument une machette indienne. Roy est l'une des personnes les plus aimables que vous puissiez espérer rencontrer. Il surprit mon regard. « Baby », me dit-il, « si tu te balades dans le Sud ou même ici à New York, après un spectacle qui s'est terminé tard, à une heure où tous ces camés et ces voyous traînent dans les rues, t'as intérêt à être armé. »

Après avoir quitté Calloway, Diz travailla avec Ella Fitzgerald et écrivit des morceaux pour Woody Herman et Jimmy Dorsey. Puis il joua — très peu de temps — avec Benny Carter, Charlie Barnet, Les

Hite et Lucky Millinder. Le be-bop était toutefois la nouvelle force à prendre en considération et il décida de rester dans le mouvement. Il commença enfin à s'affirmer vers 1942-43 alors qu'il jouait avec le grand orchestre d'Earl Hines et à se révéler en 1944 au sein du très talentueux groupe de Billy Eckstine qui eut une vie brève.

Hines s'était également assuré les services de Charlie Parker, lorsque celui-ci était en état de jouer et n'oubliait pas ses rendez-vous. Mais l'orchestre d'Eckstine était en quelque sorte un jardin d'enfant ambulant pour le jazz moderne. Car bien que Gillespie, Bird et d'autres encore qui donneraient ses lettres de noblesse au modernisme se trouvassent rassemblés dans l'orchestre de Hines durant l'année 1943, ils eurent rarement l'occasion d'y exprimer leurs idées. Earl était bien disposé à leur intention sur un plan musical, il admirait en outre beaucoup leur talent et leur dévouement. « Ils avaient l'habitude de trimbaler avec eux des livres d'exercices qu'ils épluchaient entre les spectacles. » Il n'en demeurait pas moins que sa propre politique commerciale était toujours celle des grandes formations de Swing. Aussi les révolutionnaires continuèrent-ils à ne s'exprimer qu'après les heures de travail, au Minton's, jusqu'à ce que le chanteur Billy Eckstine (que Hines surnommait le « Sinatra noir ») décide de les engager dans son propre orchestre. Ainsi, pendant la période « clé » suivante — de juin 1944 à 1947, lorsque Billy fut contraint pour des raisons purement économiques de faire une carrière en solo — presque tous les jeunes modernistes importants passèrent dans ses rangs, avant de se retrouver dans une série de petits groupes à et en dehors de New York.

Billy Eckstine est devenu désormais l'un des chanteurs populaires les plus respectés du monde. En 1944, il commençait seulement à se faire un nom sur le plan national. Aussi lorsqu'il décida de diriger un orchestre, le très expérimenté Budd Johnson (un ancien de Hines) se chargea en grande partie de l'organisation et de l'écriture des partitions ; les autres compositions étaient écrites par Dizzy, Tadd Dameron et par le trombone Jerry Valentine. « Quelque neuf autres gars venaient eux aussi de l'orchestre de Hines » (Eckstine). Il fut rejoint également par Sarah Vaughan qui était en passe de devenir la chanteuse la plus instrumentale du jazz. Entre-temps, le leader avait retrouvé Charlie Parker, à Chicago cette fois-ci, et l'avait engagé. Il « vola » enfin un jeune batteur, Art Blakey, à l'orchestre de Fletcher Henderson.

Écoutons Eckstine : « Le jazz progressif ou bop était une version nouvelle de ce qui se faisait, une théorie des accords, etc. Je prétends que Bird fut responsable du jeu proprement dit tandis que Dizzy le coucha par écrit. C'est une subtilité qui échappe à maintes personnes. Elles disent : *le créateur c'est Bird !* ou *le créateur c'est Diz !* — ils ont chacun apporté une contribution différente.

« Toute l'école écoutait ce que jouait Bird ; il était si spontané que les trucs qui sortaient de sa tête — sans qu'il sache qu'ils s'y trouvaient — étaient classiques. Mais Diz était installé là, et tout ce qu'il jouait était prévu, il savait ce qu'il faisait. C'était un schème, quelque chose qu'il avait étudié. C'est l'un des types les plus malins du monde. En matière de musique il sait ce qu'il fait à l'endroit comme à l'envers. Aussi quand il entend quelque chose, vous vous imaginez que cela ne fait que lui traverser la tête ; mais pas du tout : ça y entre et ça y reste. Il rentre chez lui et s'interroge alors pour comprendre ce qu'il a entendu. Dizzy est donc responsable des arrangements, des progressions d'accords, etc. Il est important de le préciser. »

Les musiciens qui se succédèrent durant les trois années suivantes dans l'orchestre d'Eckstine constituent en quelque sorte le gotha du jazz moderne : Dizzy Gillespie, Fats Navarro, Miles Davis, Kenny Dorham et « Little Benny » Harris pour ce qui est des trompettes ; Bennie Green, Jerry Valentine et Howard Scott aux trombones ; Charlie Parker et Junior Williams aux saxos altos ; Budd Johnson, Dexter Gordon, Gene Ammons et Lucky Thompson aux saxo ténors ; Leo Parker (sans relation avec le Bird) au saxo baryton ; John Malachi au piano ; Tommy Potter à la basse et Art Blakey à la batterie. Eckstine lui-même tenait parfois le trombone à piston, mais s'efforçait surtout de gagner au groupe une certaine popularité par son chant. Hélas, en dépit de tous ses efforts l'enregistrement du jeu des musiciens était toujours excécrable. De mauvaises balances entre les sections et une absence générale de définition réduisait leur musique à un simple ersatz de ce qu'ils créaient sur scène. Les rééditions sur LP présentent un intérêt historique mais la qualité demeure déplorable.

Quoi qu'il en soit, ainsi que l'écrivit Léonard Feather : « Ce fut une époque de découverte. Dizzy ne se lassait jamais de jouer ; un soir à Chicago il persuada Oscar Pettiford de braver une tempête de neige pendant dix longs pâtés de maisons, en portant sa basse, pour passer la nuit avec lui dans une chambre d'hôtel pour faire une jam. Souvent à New York, à Dewey Square, ou non loin dans l'appartement de Dizzy, on retrouvait Bud Powell et Benny Harris et Freddie Webster, des gars pour qui jouer, parler et penser était plus important que manger et boire. Lorsque Dizzy n'était pas chez lui à s'exercer ou à écrire des arrangements, il se trouvait dans le bas de la ville où il prenait des cours privés avec un professeur de trompette. » Lorsqu'il joue ses joues et son cou se gonflent tels un ballon, ce qui n'est guère orthodoxe pour un trompettiste. Qu'importe. On lui a assuré que cela ne le défigurerait pas — et il n'a jamais joué autrement depuis lors.

Il resta moins d'un an avec Eckstine. Il utilisa ensuite ses talents d'organisateur pour créer les divers petits groupes qui propageraient le nouveau jazz, à New York puis à travers tout le continent américain. Parker se joignait parfois à lui, et chacun des deux hommes doit avoir contribué à l'idée de faire jouer à une trompette et un saxophone des thèmes be-bop intriqués sur une section rythmique dépourvue (en général) de guitare. On accorde souvent à Parker le crédit de cette formule de quintette unisson-ensemble, parce que Gillespie s'occupait déjà de traduire ses idées et celles de Charlie en langage de grand orchestre. Par ailleurs Dizzy fut le premier à faire travailler tous les modernistes dans des clubs autres que le Minton's et en cet *Annus Mirabilis* du be-bop (1945) tous les musiciens importants jouèrent dans ses groupes sur la 52e Rue. « Quand Diz et Bird se produisaient régulièrement dans la Rue... personne n'était capable d'égaler leur mode de jeu. Puis ils ont enregistré des disques, et les types ont pu les imiter et broder à partir de là » (Tony Scott).

Il fut victime de certaines des attaques les plus sauvages jamais perpétrées contre un musicien de jazz par les *soi-disant*[1] critiques de l'époque. Ceux-ci prétendraient par la suite n'avoir jamais proféré les commentaires qu'on leur attribuait. Mais le public qui est toujours en avance sur les critiques commençait à comprendre ce qui se passait. En 1944, *Esquire*, faisant montre de plus de discernement, consacra Dizzy la plus grande « nouvelle étoile » de la trompette ; après quoi les magazines de jazz de la vieille garde s'effondrèrent aussi rapidement que les murs de Jéricho.

Léonard Feather nous rappelle que les opinions des détracteurs de Gillespie constituent aujourd'hui une lecture des plus savoureuses, d'autant que plusieurs gagnent aujourd'hui leur vie en consacrant des écrits au jazz moderne ou en en produisant. Nesuhi Ertegun (l'actuel président de WEA) : « Le public américain est induit en erreur... l'avenir du jazz est sombre. Seul le retour au jazz néo-orléanais lui permettra de redevenir une forme d'art vivant. » Ernest Bornemann (du *Melody Maker*) : « Les boppers sont des Nègres sophistiqués, urbanisés... Le résultat est désastreux... ils ont vendu leur droit d'aînesse pour une soupe immonde. » John Ham-

1. En français dans le texte. N.d.T.

mond, qui fut à une certaine époque un fan de jazz avant de devenir le producteur de disques de Bob Dylan : « Le bop est collection de *clichés* fétides répétés *ad libitum.* » George Frazier : « Il est sidérant qu'un adulte produise une telle chose. » L'impresario Norman Granz affirma : « Le jazz à New York pue. Même les batteurs sonnent comme Dizzy Gillespie. Il n'existe pas un seul trompette valable dans tous ces clubs à l'exception de Hot Lips Page. Le combo de Charlie Parker est rigide et répétitif. » Cette dernière déclaration est sans conteste la plus hilarante de toutes, car Granz finit par ravaler sa fierté considérable (et ses mots) ; il demanda à Dizzy et au Bird d'enregistrer pour sa firme de disques.

Dizzy était, quant à lui, demeuré inébranlable. Le nouveau jazz s'était imposé et le be-bop avait établi son royaume à part entière à la face des anciennes monarchies.

En 1946 Diz réalisa un enregistrement devenu classique pour RCA Victor avec Don Byas (saxoténor), Milt Jackson (vibraphone), Al Haig (piano), Bill de Arango (guitare électrique), Ray Brown (basse) et J.C. Heard (batterie). Les titres gravés étaient : *52nd Street Theme*, *Night in Tunisia* , *Anthropology* et *Ol' Man Re-bop.* Cet enregistrement marqua l'instauration d'une nouvelle approche de la composition de jazz (ces thèmes sont toujours interprétés régulièrement dans le monde entier). Il confirma en outre — grâce aux solos de trompette remarquables de Dizzy — qu'il était trop tard pour faire marche arrière. Son chorus à l'octave supérieure dans *Anthropology* a rejoint le *West End*

*Blues* de Louis Armstrong et le *Wabash Stomp* d'Eldridge dans le temple de la gloire. Et Gillespie continua ainsi sa route vers le succès. Son seul échec il l'avait connu en fait l'année précédente. Il se produisait chez Billy Berg à Hollywood et le public, qui avait un certain retard sur celui de New York, préféra le guitariste amuseur Slim Gaillard à la musique de Dizzy. Ce fut à l'occasion de cette tournée que Bird tomba malade. De retour dans la Pomme[1], il dut être remplacé par Don Byas, ce qui explique que c'est ce dernier qui apparaît dans l'enregistrement RCA d'*Anthropology*. Le public réservait désormais un accueil de plus en plus chaleureux à Gillespie. Son nom atteignit même l'Europe en dépit des réticences de la critique. Quiconque ne l'avait pas encore entendu n'aspirait qu'à le découvrir.

Toute révolution, de même que toute tyrannie, comporte un facteur de risque inévitable. Dès leur réussite, les idéaux, les idées et les intérêts des leaders tendent à se diversifier, et même à prendre des directions radicalement différentes. La révolution la plus célèbre de toutes est sans conteste la révolution française. Il s'agissait à l'origine d'une révolte de la classe moyenne contre le roi et l'aristocratie exonérée d'impôts et toute-puissante. La manipulation des ouvriers et des paysans donna une force de frappe aux révolutionnaires, mais ce furent ensuite les avocats et les autres parties intéressées qui dominèrent la Convention de Paris. Dès lors des divisions ne tardèrent pas à se révéler. Il en résulta

1. La Pomme ou la Grosse Pomme est le surnom que les jazzmen ont donné à New York. N.d.T.

une seconde lutte pour le pouvoir qui connut son apogée lorsque Robespierre réussit à faire envoyer ses amis Jacobins Georges-Jacques Danton et Camille Desmoulins à la guillotine. Après la chute de Robespierre lui-même, l'inefficacité et la corruption du Directoire dirigé par Paul Barras engendrèrent le vide politique qui permit à Napoléon de s'élever si aisément jusqu'au sommet.

Il va de soi que je ne suggère nullement que la Révolution be-bop ait déclenché une quelconque violence personnelle. Mais, dès qu'ils furent établis, les leaders du mouvement prirent des routes séparées. Charlie Parker désira diriger son propre quintette, qui devint un quartette lorsqu'il se trouva à court de trompettes et vers la fin de sa vie il fit des tournées avec une section de cordes sirupeuses. Les pianistes Bud Powell et Al Haig voulurent également diriger leurs propres trios. Thelonious Monk travailla d'arrache-pied dans la solitude du compositeur. Milt Jackson co-fonda le Modern Jazz Quartet avec John Lewis, et Art Blakey forma les Jazz Messengers. Dizzy ne cachait pas que son ambition était de diriger une grande formation. C'est ce qu'il fit de 1946 à 1950.

Il avait en fait organisé son premier grand orchestre en 1945, nommé les « Hep-Stations » de l'année. Il se désagrégea cependant lorsque la tournée les entraîna au sud de la ligne Mason-Dixon et que le problème racial fit son apparition. Al Haig, étant un pianiste blanc dans un orchestre par ailleurs noir, refusa de s'enfoncer plus avant dans le Sud. Il y eut d'autres défections. La leçon digérée, Dizzy organisa un autre orchestre avec de meilleures prospectives — et soudain en 1946 il décrocha le gros lot ! La meilleure année de l'orchestre fut cependant 1948. Par la suite la qualité du personnel diminua ; et vers la fin Dizzy toujours désireux de séduire le public commit l'erreur de conférer à sa musique un caractère clownesque.

Au départ il avait bénéficié des services de Gil Fuller, un arrangeur brillant dont les partitions avaient constitué une contribution impressionnante à l'orchestre d'Eckstine. Le prophétique *Things To Come* de Gil saisit de la manière la plus remarquable qu'il soit l'excitation débridée et la puissance des sections de l'orchestre. Parmi les autres compositeurs du groupe citons Tadd Dameron *(Our Delight, Good Bait, Soulphony)* et John Lewis dont l'œuvre concertante *Toccata For Trumpet and Orchestra* fut créée par Dizzy au Carnegie Hall au cours de l'automne 1957. A la même époque le leader fut prompt à exploiter les phrases du be-bop sous une nouvelle forme verbalisée de chant « scat », il montrait par ailleurs un intérêt croissant pour la fusion des thèmes bop et des rythmes afro-cubains. C'est dans cet esprit qu'il engagea l'intense et dynamique joueur de conga, Chano Pozo, que Gil Fuller écrivit son *Manteca* et que Dizzy commanda à George Russell une suite intitulée *Cubana Be-Cubana Bop.*

Lorsqu'il était au mieux de sa forme aucun orchestre contemporain ne l'égalait sur le plan de l'énergie et de l'innovation. Les imperfections n'en abondaient pas moins : dues parfois à un temps de répétitions insuffisant, plus souvent à des problèmes consistant à adapter les éléments du be-bop (une musique convenant essentiellement aux petits groupes), à des sections orchestrales plus importantes. On notait également un manque apparent de texture (même dans les morceaux plus calmes de John Lewis). On retrouvait la confrontation entre les cuivres et les saxophones, soit l'enseignement classique de Fletcher Henderson remis à jour en fonction des harmonies nouvelles. Les riffs à l'unisson (une caractéristique de l'ère Swing) étaient préservés, quoique leur phrasé devint beaucoup plus intriqué. Il y avait par ailleurs un effort total pour faire vivre la Révolution be-bop et même pour l'étendre. Les lignes, les figures, les progressions d'accords et les schèmes rythmiques des partitions respectaient de manière stricte les principes fondamentaux du Minton's. Il en allait de même des divers solos, et de la combustion spontanée d'un ensemble enthousiaste, déchaîné. En d'autres termes, on se trouvait toujours en présence d'un enfant dont le caractère révélait ce qu'il était advenu lorsque Christian, Diz et Parker s'étaient réunis pour la première fois.

En 1948 l'orchestre fit une tournée en Europe, qui les emmena de la Suède jusque dans le Sud de la France. Les nouvelles partitions comprenaient : *One Bass Hit* et *Ool-Ya-Koo*, l'impressionnante *Swedish Suite* avec son solo lent pour Dizzy, *I Waited for You* de Gil Fuller ; l'*Emanon (No Name)* de Dizzy lui-même, le *Stay On It* de Tadd Dameron et les *Two Bass Hit* et *Minor Walk* de John Lewis. Lewis venait également d'achever sa *Period Suite* ainsi qu'un merveilleux arrangement du *'Round About Midnight* de Monk. A Stockholm les concerts furent compromis à cause d'un promoteur qui avait détourné les salaires des musiciens. Mais à Paris, sous les auspices de Charles Delaunay, Dizzy remporta un véritable triomphe.

Je possède un LP de l'un des concerts de Paris au cours duquel il interpréta sa version de la chanson de George Gershwin *I Can't Get Started*, extrait des *Ziegfield Follies* de 1936. Aucun trompettiste ne s'était attaqué à ce morceau depuis son enregistrement par le regretté Bunny Berigan, qui en avait fait un succès notoire. Dizzy non seulement le reprit mais encore en fit quasiment sa propriété privée.

De retour aux États-Unis, il triompha sur la Côte Ouest où il avait si lamentablement échoué quelques années auparavant. Le promoteur Gene Norman enregistra la performance du 26 juillet au Civic Auditorium de Pasadena. Vingt secondes après le début du premier morceau *(Emanon)* on entend un mouvement d'incrédulité et d'admiration secouer la foule, suivi par un tonnerre d'applaudissements d'enthousiasme. Tel était l'impact de l'orchestre. Le Carnegie Hall connut la nuit de Noël de 1948 un véritable sommet musical. Ensuite, la comédie prit le pas sur la qualité musicale...

Après une dernière tentative avortée en 1950 Dizzy dut renoncer aux grandes formations et se remettre à travailler avec de petits groupes. La situation économique des États-Unis n'était d'ailleurs guère favorable aux grands orchestres. Count Basie lui-même fut contraint de réduire son groupe à la taille d'un septette pendant un an. Dizzy conserva Bill Graham (saxo alto et baryton) et son

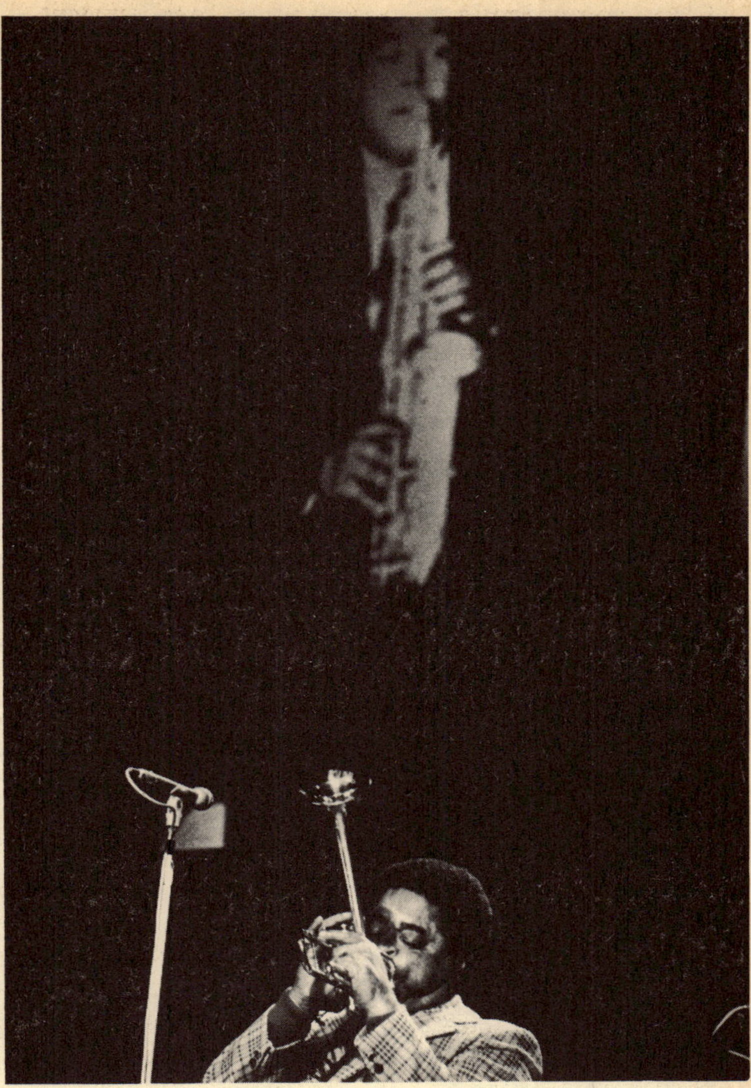

Diz et Bird

Une jam session au Club d'Edd
Jo Jones, Pee Wee Russe

Condon. On reconnaît notamment
Milt Jackson et Gerry Mulligan.

Avec James Moody et Max Roach.

Dirigeant son groupe en 1946. Howard Johnson, qui fait désormais partie des Savoy Sultans, est le saxophoniste à l'extrême gauche de la photo.

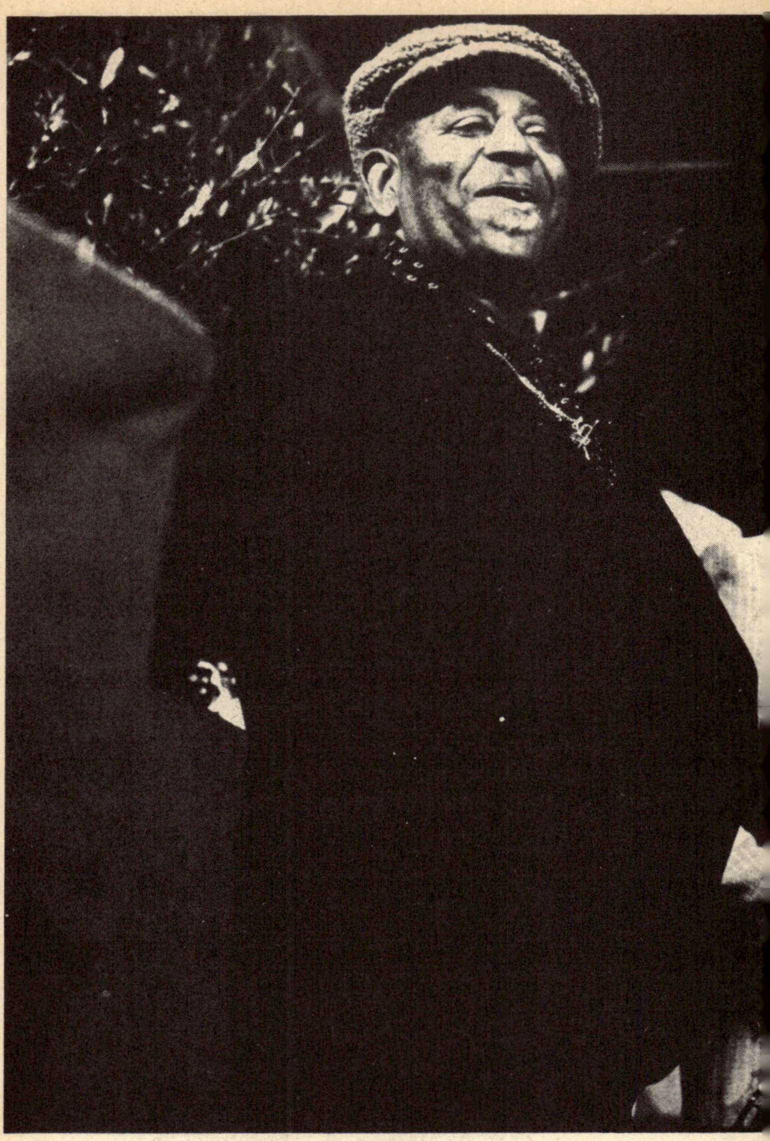

Avec James Moody à Nice en 1983.

Avec Clark Terry et Harry Edison.

ami Milt Jackson lui recommanda le pianiste prometteur Wade Legge.

Le trompettiste commença ausii à travailler at à enregister pour Norman Granz. Lorsque Graham quitta le groupe Dizzy le remplaça par Sonny Stitt, un ancien saxo-ténor, qui l'accompagnait désormais à l'alto. Leur association est particulièrement remarquable sur *The Modern Jazz Sextet* (Verve), un LP sur lequel le piano est joué par John Lewis, et qui introduit la composition de Dizzy *Tour de force.*

*En 1956 Dizzy dirigeait à nouveau un grand orchestre.* Cela fut de courte durée et résultait d'une requête pour le moins inhabituelle et inattendue. Le Département d'État américain lui demanda d'emmener un orchestre faire une tournée « diplomatique » au Moyen-Orient, au Pakistan (y compris dans l'ancienne province du Pakistan oriental, aujourd'hui le Bangladesh), puis en Amérique du Sud. C'était la première fois que le gouvernement des États-Unis reconnaissait officiellement l'existence du jazz, et à plus forte raison qu'il le promouvait comme un produit culturel d'exportation. Les tournées furent une énorme succès : pour Dizzy Gillepsie personnellement, pour l'orchestre et pour l'image de marque des États-Unis dans le monde. Un ambassadeur déclara : « Cette musique nous a considérablement simplifié la tâche. »

« En fait Diz était toujours auprès de cobras ou de chameaux, etc., pour des fins publicitaires, mais je crois vraiment qu'il adorait tout cela » (Quincy Jones). On le voyait aussi fumant de longues pipes d'écume, et il se produisit à Athènes revêtu du costume national grec complet ! Sur scène il se révélait être le leader idéal : drôle, extravesti encourageant toujours ses musiciens. « Et pendant ce temps une tempête soufflait dans sa trompette » (Jones). Quant à l'aspect diplomatique de sa mission, deux anecdotes l'ilustreront amplement. A Karachi un membre du personnel de l'hôtel découvrit Dizzy dans sa chambre avec un charmeur de serpent. Le directeur lui fit part de son inquiétude et Diz lui répondit simplement : « Cet homme est un musicien, n'est-ce pas ? » A Ankara, en Turquie, il refusa de jouer à l'occasion d'une réception diplomatique tant que les mendiants qui se pressaient à l'extérieur ne furent pas autorisés à participer à la fête. « Je suis venu ici pour jouer pour *tout* le monde ! »

Il montrait souvent l'orchestre — onze Noirs et quatre Blancs — disant : *« Regardez-les, voyez comme ils travaillent ensemble. »* Ainsi que le fit remarquer une douairière de l'aristocratie de Zagreb : « Un exemple concret vaut un million de mots. » Entre-temps les sidemen fraternisaient avec tout le monde. Marshall Stearns raconte : « A Dacca, où les radios sont rares et les juke-boxes encore plus, le public fut tout d'abord surpris mais poli. C'était vraiment des sons nouveaux pour eux. Puis ils ressentirent l'enthousiasme contagieux de l'orchestre, et admirèrent la pantomime chaplinesque de Gillespie ; ils se mirent à rugir puis à frapper des mains sur le bon temps, ils se contorsionnaient comme une bande de fans du rock-and-roll du Brooklyn Paramount. A Athènes, en revanche, ils ne furent ni polis ni surpris — ils retirèrent leurs vêtements et les jetèrent par-dessus leur tête. »

Stearns conclut : « Le fait est simple, ces gens — même avant de l'avoir entendu — voulaient aimer le jazz. Ils associaient cette musique au côté détendu et généreux de la vie américaine, et la vitalité informelle des concerts renforça leurs convictions. *Vive la bonne volonté !* déclara Gillespie, et en Yougoslavie communiste l'orchestre produisit une solide impression. Un officiel du parti leur confia : *Vous êtes si désorganisés... jusqu'à ce que vous commenciez à jouer !* »

La tâche consistant à assembler et à faire répéter ce troisième grand orchestre de Gillespie avait été assumée en majeure partie par le trompettiste/arrangeur/compositeur Quincy Jones, Dizzy étant à l'époque en tournée en Europe avec le « Jazz at the Philharmonic ». Malgré un itinéraire éprouvant le groupe fit montre d'une homogénéité parfaite. Les partitions qu'il travaillait était en outre exceptionnelles, avec une adaptation du style de phrasé de l'ancien orchestre de Gillespie. Les arrangements étaient de la trombone Melba Liston — qui dans sa robe du soir *haute-couture* était la réponse toute prête du groupe aux mouvements de libération de la femme et aux adeptes du voile ; d'Ernie Wilkins, de Benny Golson, et bien entendu de Quincy Jones.

Ce dernier était devenu à l'époque l'un des jeunes talents les plus prometteurs. Il s'est depuis recyclé (à l'instar de Lalo Schifrin) dans la composition de musique de films et de séries télévisées. Il n'en demeure pas moins que ses partitions pour Dizzy, puis pour Count Basie ainsi que ses LP *This Is How I Feel About Jazz* et *Birth of A Band* occupent une place incontestable dans l'histoire du jazz, tandis que sa synthèse de jazz-rock *Smackwater Jack* fut l'un des grands moments des années 1970. Ses premières influences — avant qu'il n'écoute Dizzy et Bird puis qu'il ne joue aux côtés de Clifford Brown dans l'orchestre de Lionel Hampton — furent la musique religieuse Baptiste et Sanctifiée, Clark Terry qui lui enseigna à jouer de la trompette et le chanteur de blues aveugle Ray Charles.

« Ray avait dix-sept ans alors que j'en avais quinze. Il dirigeait à Seattle un trio baptisé le Maxim Trio. C'était terrible. Très moderne. Il jouait tous les trucs hip à l'époque. Ray avait en outre l'habitude d'écrire pour un groupe vocal dont je faisais partie. Un de mes premiers arrangements fut écrit après que Ray m'eut montré comment orchestrer les cuivres en utilisant comme exemple le *Blowin' The Blues Away* de Billy Eckstine. Au cours de chaque jam session à Seattle, l'influence de Ray se faisait sentir, avec la puissance d'une onde radioactive. Il jouait de l'alto, de la clarinette, du piano, de l'orgue et en définitive il chantait. Pour moi son chant blues a toujours été l'expression de la vérité. En fait, mon idée du mariage parfait en jazz consisterait à allier sa sensibilité à une technique parfaite permettant de la projeter et de la développer. » (Jones dans une lettre à l'auteur.)

Ceci nous rappelle que Charles est également l'un des musiciens préférés de Dizzy. Il confia à un ami dans les années soixante : « Tu sais ce que j'ai fait aujourd'hui ? Je me suis payé un disque. Ce doit être la première fois en quarante ans que je sors pour *m'acheter* un disque. C'est un nouvel album de Ray Charles. Bon sang, ce type sait vraiment chanter ! Il a la sonorité que t'entends dans une église Sanctifiée, tu sais. Il n'est pas loin de devenir mon chanteur préféré ! »

A son retour de la tournée enthousiaste en Orient, Dizzy fit une séance d'enregistrement (quatre-vingt dix minutes) pour Verve. Le personnel de la tournée comprenait Dizzy, Joe Gordon, Carl Warwick, Quincy Jones et Emmet Perry (trompettes), Melba Liston, Frank Rehak et Rod Levitt (trombones), Phil Woods, Jimmy Powell, Billy Mitchell, Ernie Wilkins et Marty Flax (saxophones), Walter Davis (piano), Nelson Boyd (basse) et Charlie Persip à la batterie. Ils enregistrèrent : *Tour de Force*, *Night in Tunisia* et *Birk's Works* de Dizzy, ainsi que son indicatif fameux *The Champ*, ce dernier arrangé par Quincy Jones. Jones est également à l'origine d'une nouveauté *Jessica's Day* et il réarrangea *I Can't Get Started* pour Dizzy ; Melba Liston avait assuré l'arrangement de *Stella By Starlight*, *My Reverie* de Debussy et *Annie's Dance* inspirée de la *Danse d'Anitra* de Grieg. Les partitions fournies par Ernie Wilkins comprenaient deux originaux *Dizzy's Business* et *Groovin' For Nat* ainsi qu'un arrangement du *Doodlin'* d'Horace Silver ; A. K. Salim écrivit et arrangea *Dizzy's Blues.* J'ignore qui arrangea le *Yesterdays* de Jerome Kern, mais il semble que ce soit Melba Liston ; quant au morceau final le *Tin Tin Deo* de Chano Pozo, il paraît évident qu'il s'agit d'un « arrangement de tête »[1].

Les cinq trompettistes utilisèrent les instruments spéciaux arqués à 45 degrés, que Dizzy avait adopté

1. Arrangement élaboré en cours de répétition. N.d.T.

à la suite d'un accident qui se produisit à l'occasion d'une fête donnée en l'honneur de l'anniversaire de Lorraine Gillespie en janvier 1954 au Snookie's Bar sur la 44e Rue. Dizzy avait laissé sa trompette sur la scène. Un danseur tomba et le pavillon se tordit. La réaction de colère initiale passée, Dizzy souffla quelques notes dans son instrument et eut la surprise de constater que le son atteignait mieux ses oreilles lorsque le pavillon était ainsi recourbé. Le lendemain — fidèle à sa réputation d'homme d'affaires avisé — il se précipita chez un fabricant de trompettes qu'il connaissait et lui demanda s'il serait possible de faire breveter et de produire ce nouveau phénomène. Il eut le regret d'apprendre qu'un tel instrument avait été inventé 150 ans plus tôt ! « Il avait déjà acheté un carnet de commande », avoue Lorraine. Quoi qu'il en soit, Gillespie demeura fidèle à cet instrument qui distribuait mieux le son selon lui.

La séance d'enregistrement terminée, l'orchestre s'envola pour l'Amérique du Sud. Il donna des concerts en Équateur, en Argentine, en Uruguay et au Brésil. Dizzy était tellement satisfait des prestations de ce groupe qu'il décida de continuer à travailler avec lui. Ils remportèrent un succès prodigieux lors du troisième festival de jazz de Newport ; ils enregistraient toujours pour Verve en mars 1957. Quelques jeunes musiciens de grande valeur s'étaient joints à l'orchestre, notamment : le trompettiste de dix-huit ans, Lee Morgan ; le trombone Al Gray, le ténor Benny Golson ainsi que le grand pianiste Wynton Kelly. Hélas, les subsides du Département d'État ne soutenant plus le groupe, les engagements n'étaient pas suffisants pour financer l'enthousiasme de chacun. Lorsque le batteur anglais Ronnie Verrell se rendit aux États-Unis avec l'orchestre de Ted Heath, il rencontra le batteur de l'orchestre Gillespie, Charlie Persip, et apprit avec consternation que celui-ci avait crevé une caisse claire d'un coup de baguette et qu'il n'avait pas les moyens de la remplacer tant que l'orchestre n'aurait pas perçu son nouveau cachet. Les musiciens devaient souvent vivre avec trente dollars par semaine. Diz s'efforçait de conserver son sens de l'humour. Lors d'une soirée où le Birdland n'était guère rempli, il n'hésita pas à commencer la soirée par une remarque humoristique : « Mesdames et Messieurs. Je suis désolé de ce petit retard, mais nous venons de nous produire pour une œuvre de bienfaisance. Le Ku Klux Klan organisait une fête au profit de la Société de Soutien des Juifs. Cela se passait à la YMCA de Harlem — vous comprendrez que nous avons eu beaucoup de chance de pouvoir seulement arriver jusqu'ici ce soir ! » Les quelques spectateurs présents rirent.

L'homme n'en est pas moins un battant né. Il est en outre demeuré à toutes les phases de sa carrière un brillant soliste. Il a, depuis 1958, fait des tournées (et enregistré des disques) avec quelques-uns des petits groupes les plus remarquables de l'histoire du jazz. Il a continué à diriger de grandes formations, mais en des circonstances particulières ; songeons à l'orchestre du festival de Monterey de 1965, conduit par Gil Fuller. Ce groupe réalisa une version de *The Shadow of Your Smile* avec Dizzy en soliste vedette, qui remporta un prix en mars 1966. Il y eut également en 1968 l'orchestre « Reunion » avec lequel Dizzy fit des tournées en Europe alors qu'il se rendait au festival de jazz de Berlin ; puis celui de 1975 que le ténor Billy Mitchell aida à mettre sur pied pour plusieurs prestations au club de Buddy Rich et qui donna un *« Tribute To Dizzy Gillespie »* au Avery Fisher Hall. En cette dernière occasion le trompettiste se distingua par une performance exceptionnelle au milieu de solistes aussi doués que Stan Getz, James Moody, John Lewis et Max Roach.

Dans l'ensemble Dizzy a opté pour la formule du quintette ou du quartette. Il emmène son art dans le monde entier s'imposant toujours plus tant auprès de ses fans que de la communauté du jazz en général.

L'un de ses premiers, et meilleurs, quintettes — datant de 1960 — comprenait Leo Wright aux saxes et à la flûte (il serait remplacé par James Moody) et le pianiste et compositeur argentin Lalo Schifrin qui écrira plus tard la musique du film *Bullitt*, avec Steve McQueen et qui est aujourd'hui l'un des musiciens les plus respectés de l'industrie du cinéma. Schifrin écrivit pour Diz *Gillespiana*, *Tunisian Fantasy* (une longue composition se fondant sur la *Night in Tunisia* de Gillespie), et enfin *The Lost Continent*, qui fut créé au festival de Monterey de 1962 avec un grand orchestre conduit par Benny Carter.

Dizzy ne négligeait pas non plus le travail de composition. Il écrivit l'accrocheur et intrigant *Con Alma*, qu'il interprète depuis lors à chacun de ses concerts ; *Brother King*, un hommage à Martin

Luther King ; et *Olinga* dédié à un frère Bahai, un membre de la religion personnelle de Dizzy. Il continuait néanmoins à jouer ses thèmes be-bop classiques : *Salt Peanuts*, *Groovin' High*, *Blue 'N Boogie*, *Woody'n You*, *Shaw Nuff* et *Anthropology*, que le public n'a jamais boudé pendant quatre décennies. Il convient également d'évoquer ses activités extra-musicales. Il apparut dans divers films : dans *The Hole*, dans les années 1960 et dans le film de Maureen Stapleton, *Voyage to Next* dans les années 1970. Il posa également sa candidature à la présidence des États-Unis ; cette plaisanterie prit une tournure originale lorsque des milliers de personnes adressèrent une pétition au Secrétaire d'État de la Californie le priant de tenir compte de son nom...

Lorsque James Moody quitta son groupe vers la fin des années soixante, Dizzy le remplaça par un guitariste, George Davis. En 1971 ce dernier avait été remplacé par Al Gafa et l'impulsif Mickey Roker tenait la batterie. Roker resta avec Diz durant les années soixante-dix, et lorsque le groupe se produisit à Londres en 1978 le leader s'était trouvé un nouveau jeune guitariste de talent, Rodney Jones. Jon Faddis commença aussi à se produire avec le groupe vers la fin des années 1970, en tant qu'invité. Admirateur irréductible de Gillespie, il joue dans le style de son maître et possède déjà une étendue et une technique enviables. Une erreur d'organisation se produisit lors du festival de Montreux de 1977 et la section rythmique du groupe — Rodney Jones, le bassiste Ben Brown et Mickey Roker — se retrouvèrent en Hollande. Les deux trompettistes furent donc assistés par Milt Jackson au vibraphone, Monty Alexander au piano, Ray Brown à la basse et Jimmie Smith à la batterie. Les performances qui en résultèrent (désormais disponibles sur LP) comptent parmi les meilleurs duos de trompettes de l'histoire du jazz : excitant sans être compétitifs, doux et rythmés en alternance, mais par-dessus tout d'une créativité à toute épreuve dans les passages improvisés.

Dizzy a fait de nombreuses tournées en Europe et en Asie avec ses groupes. Il a joué en Israël, en Tunisie, à Tokyo et même dans les Iles Vierges. Il participe à tous les festivals importants où il est à chaque fois l'un des instrumentistes les plus acclamés. En 1971-72 il persuada certains de ses anciens compagnons des beaux jours du be-bop de laisser tomber ce qu'ils faisaient pour faire le tour du monde avec lui. Ils dirigeaient pourtant à l'époque leurs propres orchestres. L'aventure s'intitulait *The Giants of Jazz*, et rassemblait outre Dizzy, Sonny Stitt, Kai Winding, Thelonious Monk, Al McKibbon et Art Blakey. Les géants reçurent une réception chaleureuse partout où ils se produisirent. Atlantic Record publia un double LP reprenant des passages des concerts en Angleterre et au Japon durant lesquels les musiciens créèrent un jazz éternel et stupéfiant. Éternel en raison de la valeur de leurs idées musicales ; stupéfiant du fait de leur stature individuelle et collective en tant qu'instrumentiste. Le jeu cadenza non accompagné de Dizzy qui ouvre *Tin Tin Deo* puis son travail à la trompette bouchée sur le même morceau compte parmi les plus belles productions sur disques jamais enregistrées par Gillespie. Il en va de même du jeu de batterie déchaîné de Blakey sur *Night in Tunisia* et du merveilleux traitement en ballade de *Everything Happens To Me* par Sonny Stitt.

En 1975, il entreprit un même travail de persuasion, mais cette fois dans l'intention d'amener ses compagnons vers les studios. *The Bop Session* (sur Sonet), un prodigieux LP, rassemble Stitt (encore) à l'alto et au ténor, les pianistes John Lewis et Hank Jones, Percy Heath à la basse et Max Roach à la batterie. Les thèmes be-bop sur lesquels ils improvisèrent nous sont tous familiers : *Blue 'N Boogie*, *Confirmation*, *Groovin' High* et le *Lady Bird* de Tadd Dameron. Pourtant il semble que cette musique n'ait pas pris une ride.

Dizzy participa également à l'hommage à Louis Armstrong organisé à l'occasion du festival de Newport-New York. Malgré les remarques désobligeantes tenues par Armstrong à l'égard du be-bop, Diz et lui avaient fini par devenir d'excellents amis. Diz est également apparu dans maintes émissions de télévision, où il est apprécié tant pour son talent de parleur que de trompettiste. *The Encyclopedia of Jazz* de Feather et Gitler le présente en ces mots : « Les gens en sont arrivés à attendre l'inattendu de sa part. Comme lorsqu'il est monté sur scène au milieu d'un film, et qu'il a commencé à jouer avec son image sur l'écran lors du festival de jazz de Newport-New York de 75. » J'ajouterai à cela son intervention surprenante et des plus émouvantes à l'église à la fin du service funèbre de Charlie Shavers. Phil Payne de *Time-Life* m'écrivit : « C'était totalement inattendu. La plupart d'entre nous ignoraient que Diz était arrivé jusqu'à ce qu'il commence à souffler dans sa trompette, très doucement, très gentiment, du fond de l'église. C'est sans conteste l'une des plus belles prestations qu'il m'ait été donné d'entendre. »

Et bien sûr il y eut des dizaines d'autres enregistrements ; nombre des plus récents furent gravés sur la marque Pablo de Norman Granz. J'apprécie tout particulièrement ses duos avec Oscar Peterson sur le LP *Jousts* (également sur Pablo). *Stella By Starlight* et *There Is No Greater Love* sont sans doute les plus belles ballades qu'il enregistra — si on peut parler de ballades, car il y a de nombreux changements de tempo subtils. D'autres enregistrements antérieurs font toujours l'objet de réimpressions, y compris le célèbre concert donné au Massey Hall au Canada, avec le Bird, Bud Powell et Charlie Mingus.

Il est toutefois un enregistrement sur lequel j'aimerais attirer l'attention du lecteur. Il s'agit de *Perceptions* enregistré en 1961. Je suis convaincu que ce LP n'a jamais reçu l'attention qu'il méritait. Il occupe une position quelque peu particulière dans la production de Gillespie. Il ne s'agit pas à proprement parler d'une œuvre de jazz mais d'une suite en six parties avec références au jazz ; elle fut écrite spécialement par le trombone J. J. Johnson pour mettre en valeur l'expressivité et l'étendue de la trompette de Dizzy. Elle est en conséquence conçue d'une manière souvent formelle impliquant tous les aspects du jeu à la trompette, mais n'en est pas moins extrêmement riche et puissante. Gunther

Schuller conduisit l'orchestre de 21 instruments, y compris six autres trompettes et deux harpes.

Johnson dit : « Je me suis demandé d'emblée quel rôle je pourrais faire tenir à Dizzy, et je songeais sans cesse à son jeu avec les grandes formations. C'est un musicien prodigieux. Il joue très haut et très vite, sans jamais sacrifier la qualité. Mais je voulais lui faire tenir un rôle différent parce que rares sont les personnes qui sont conscientes du fait que Dizzy est également un musicien très sensible possédant de grands dons lyriques. Bon nombre de morceaux ne lui permettent pas d'exprimer son don pour le jeu mélodique et lyrique. C'est ce côté particulier que je désirais mettre en lumière. » C'est exactement ce que réussit cette composition. L'étendue et la technique de Dizzy sont exceptionnelles. Ainsi d'ailleurs que son expressivité. Mis à part son don pour le jazz, il ferait la joie et la fierté de tout orchestre symphonique.

Les honneurs continuent à pleuvoir sur lui tels des confetti. Outre les multiples prix que lui décernèrent au fil des ans les magazines *Metronome* et *Down Beat*, y compris le prix des critiques de *DB* de 1971 à 1975, il a reçu un doctorat honoraire de la *Rutgers University*, le médaillon Handel de la ville de New York, il a été nommé « Musicien de l'Année » par l'*Institute of High Fidelity*, le prix lui a été décerné par Miles Davis à San Francisco. Il fut également nommé « conseiller extérieur en ethnomusicologie » par le *School Board* de San Francisco, et en tant que tel, invité à diriger une série d'ateliers et de séminaires pour jeunes musiciens dans la région. Cheraw, sa ville natale, lui a également rendu hommage.

Aucun de ses succès ne lui est monté à la tête. Il est demeuré un être chaleureux, généreux, ouvert à son époque. Je puis vous assurer qu'il est d'un abord très facile avec tout un chacun. Par ailleurs, bien qu'ayant réussi sa vie sur le plan financier, il mène une existence simple, sans ostentation, ni extravagances particulières. Il attribue cette attitude au fait qu'il a rejoint la foi Bahai — qui enjoint à ses adeptes de demeurer modeste et d'atteindre à la véritable simplicité afin qu'un jour toute l'humanité soit unie dans la paix. *« Baha 'u 'llah* est le maître de ma foi religieuse », explique-t-il. « Il dit que la musique est une forme d'adoration. Je le crois, parce que dans la musique vous devez vous débarrasser des complexes du racisme, et des idées dans ce genre... »

Dizzy déclara également en 1960 : « Ce que je désire maintenant c'est développer ce que j'ai fait. Lorsqu'un architecte construit un bâtiment, puis qu'il décide d'y ajouter des extensions, il s'agit toujours du même bâtiment. Il continue jusqu'à ce qu'il soit terminé et lorsqu'il meurt, quelqu'un d'autre peut prendre la relève. »

Ce petit livre s'est toutefois concentré en majeure partie sur l'histoire, sur l'ampleur et surtout sur la richesse de son jeu de trompette. Des qualités qui ont valu à Dizzy la place prépondérante qu'il occupe dans l'histoire du jazz. J'ai lu récemment les propos d'un trompettiste anglais, Ian Carr, et il me semble qu'ils confirment de manière tout à fait éloquente ce que je me suis efforcé de dire au sujet de sa formation et des styles musicaux.

« Il (Dizzy) possède une connaissance très approfondie de la théorie et en même temps son jeu exprime ses pensées avec puissance et célérité. Il a des réflexes prodigieux et une oreille superbe... il est concerné à tout instant par le swing. Même lorsqu'il prend les libertés les plus audacieuses avec le temps, ses phrases ne manquent jamais de swing. L'essence même d'un solo de Gillespie est cette sensation de suspense. Les phrases varient perpétuellement. Les envolées rapides de triples croches sont suivies de pauses, d'énormes intervalles, de longues notes très hautes, de glissements et de phrases bluesy. Il vous prend toujours par surprise, il vous choque toujours par une pensée nouvelle. »

Je voudrais pour conclure en revenir à la réflexion de Thad Jones, reprise en début de volume. Il dit qu'il « ne faut pas charrier avec Diz ». Voilà qui me permet de soulever un autre point que j'illustrerai par des observations personnelles remontant au festival de jazz de Nice de 1982, ou pour être plus spécifique aux jam sessions de clôture. Il faisait de plus en plus sombre, la nuit était très chaude. En général le mont Cimiez est balayé par de légères brises. Mais il faisait si chaud cette nuit, qu'il n'y avait pas un souffle de vent. Les trois scènes étaient occupées, mais l'événement principal se déroulait sur la scène centrale, entourée d'arches romaines, de vieux murs en ruines et de cyprès immobiles tels des sentinelles.

Le promoteur George Wein avait rassemblé une faune très disparate de musiciens. Il y avait là le trompettiste Benny Bailey, le saxophoniste Red Holloway et bien entendu Dizzy, paraissant aussi décontracté que possible dans un *kaftan* ample et tenant à la main son célèbre instrument au pavillon dressé à quarante-cinq degrés. Le vibraphone avait été installé à une place de choix sur l'avant de la scène. Il me semble me souvenir que le pianiste était Jay McShann ; derrière lui une immense affiche annonçait une prochaine production d'*Aïda* de Verdi. Le batteur était Gus Johnson. Ou était-ce Oliver Jackson ? Il est difficile de le dire avec certitude parce que cette partie de la scène était plongée dans les ténèbres. Quoi qu'il en soit, ce dont je suis certain, c'est qu'avant l'arrivée d'Hampton, Dizzy jouait un splendide duo avec Benny Bailey, riche en envolées imbriquées et en long chorus de poursuite. Puis Hamp arriva et nous eûmes droit à une version prolongée de *Flyin' Home.*

Il est bien connu que lorsque Hamp participe à une jam session il joue sans fin, enchaînant le chorus, martelant les notes et bâtissant progressivement une montée crescendo de frénésie absolue. Cette nuit ne fit pas exception à la règle, en dépit de la chaleur. Seulement il venait enfin d'achever son trente-quatrième (ou peut-être quarantième) chorus... lorsque la température commença à lui peser, il poursuivit par une reprise du thème et *soudain tout était terminé.* Les autres musiciens n'eurent même pas l'occasion d'intervenir. Le pauvre James Moody, que Wein venait d'envoyer de la scène de « danse » pour se joindre à la jam, resta pétrifié sa flûte argentée à la main : il n'avait pas eu l'occasion de souffler une seule note.

Dizzy fut le seul à n'avoir pas été pris de court. Il est évident qu'il connaissait Hamp depuis longtemps — ausi le « renard » avait-il fait montre de vigilance. A peine le thème d'ouverture venait-il de se terminer qu'il se lança avec la rapidité de l'éclair dans son propre solo avant que le vibraphone ne puisse lâcher ses premiers accents. Lorsqu'il eut terminé son intervention, il avait le loisir de déambuler dans le jardin d'oliviers pour se joindre aux autres jams s'y déroulant.

Appelez cela intuition si vous le désirez. Appelez cela instinct. Quoi qu'il en soit cela fonctionne à merveille pour lui. Je préfère quant à moi parler du véritable Dizzy Gillespie, qui est toujours conscient, toujours alerte *et toujours maître de la situation.*

A l 'époque de l'orchestre de Teddy Hill.

# Postface

La rédaction de ce livre m'a également posé un problème. Il est impossible d'écrire une biographie chronologique traditionnelle de Diz. Il doit être abordé selon maints angles différents, d'aucuns aussi différents et inhabituels que les intervalles qu'il impose à sa trompette, ou tout simplement que son instrument au pavillon dressé à quarante-cinq degrés. Le plus important demeure toutefois la place qu'il occupe dans l'histoire du jazz et son évolution rapide. Il doit être envisagé en fonction de ses relations avec d'autres musiciens, tant ceux qui lui ouvrirent la voie que ceux avec lesquels il travailla pour forger la volonté de fer de sa révolution.

En tant que trompettiste, il fut de tout temps destiné à devenir un prodige. Il est permis de se demander pourquoi il n'enregistra jamais le *Quiet City* d'Aaron Copland ; un véhicule qui lui conviendrait aussi bien que le *Concierto De Aranjuez* à Miles Davis. Il n'en demeure pas moins que sa position dans le jazz est plus grande que sa technique superlative. C'est ce qu'il a fait avec sa trompette qui l'a préservé pour l'éternité musicale.

R. H. — Mount Felix, 1983

# DISCOGRAPHIE

# DIZZY GILLESPIE CHEZ LES DISQUAIRES

La discographie suivante n'est pas exhaustive : elle présente simplement un choix parmi les enregistrements les plus représentatifs de Dizzy Gillespie récemment édités ou réédités. Au moment où nous écrivons, certains de ces disques ont déjà été retirés des catalogues des distributeurs, mais tous peuvent encore — parfois avec un peu de chance — se trouver chez les détaillants.

Didier MICHAUX

Voici la liste des abréviations employées :

| | | | |
|---|---|---|---|
| arr : | arrangement | p : | piano |
| as : | saxo alto | perc : | percussion |
| b : | contrebasse | ss : | saxo soprano |
| bs : | saxo baryton | tb : | trombone |
| cl : | clarinette | tp : | trompette |
| dm : | batterie | ts : | saxo ténor |
| fl : | flûte | vb : | vibraphone |
| g : | guitare | vln : | violon |
| | | voc : | chant |

LA = Los Angeles ; NYC : New York City.

## LIONEL HAMPTON AND HIS ORCHESTRA

Dizzy Gillespie (tp), Benny Carter (as), Coleman Hawkins, Ben Webster, Chu Berry (ts), Clyde Hart (p), Charlie Christian (g), Milt Hinton (b), Cozy Cole (dm), Lionel Hampton (vb, voc en 1). *NYC, 11 septembre 1939.*

| | |
|---|---|
| WHEN LIGHTS ARE LOW | RCA PM 42 417 |
| ONE SWEET LETTER FROM YOU (1) | — |
| HOT MALLETS | — |
| EARLY SESSION HOP | — |

## THE MEN FROM MINTON'S

Personnel donné sous toutes réserves : Dizzy Gillespie, inconnu (tp), Don Byas (ts), Charlie Christian (g), Nick Fenton (b), Hal « Doc » West ou Kenny Clarke (dm). *Minton's Playhouse. NYC, mai 1941.*

| | |
|---|---|
| UP ON TEDDY'S HILL | Jazz Anthology (Musidisc) JA 5122 |

Même orchestre, plus Chu Berry (ts) et un inconnu (p), sans Charlie Christian. *Même date.*

| | |
|---|---|
| STARDUST | — |

Dizzy Gillespie (tp), Kenny Kersey (p), Nick Fenton (b), Kenny Clarke (dm). *Même date.*

| | |
|---|---|
| KEROUAC | — |
| STARDUST | — |

## COLEMAN HAWKINS AND HIS ORCHESTRA

Dizzy Gillespie, Vic Coulson, Ed Vandever (tp), Leo Parker, Leonard Lowry (as), Coleman Hawkins, Don Byas, Ray Abrams (ts), Budd Johnson (bs), Clyde Hart (p), Oscar Pettiford (b), Max Roach (dm). *NYC, 16 février 1944.*

| | |
|---|---|
| WOODY'N YOU | Jazz Legacy (Vogue) 500 056 |
| BA-DEE-DAHT | — |
| YESTERDAYS | — |
| DISORDER AT THE BORDER | — |
| RAINBOW MIST | — |

## SARAH VAUGHAN AND HER ALL STARS

Dizzy Gillespie (tp), Aaron Sachs (cl), Georgie Auld (ts), Leonard

Feather (p), Chuck Wayne (g), Jack Lesberg (b), Morey Feld (dm), Sarah Vaughan (voc). *NYC, 31 décembre 1944.*

| | |
|---|---|
| EAST OF THE SUN | Music for Pleasure 2M0 56 64847 |

## CLYDE HART ALL STARS

Dizzy Gillespie (tp), Trummy Young (tb,vcl), Charlie Parker (as), Don Bays (ts), Clyde Hart (p), Mike Bryan (g), Al Hall (b), Specs Powell (d), Rubberlegs Williams (voc). *NYC, janvier 1945.*

| | |
|---|---|
| WHAT'S THE MATTER NOW ? | Spotlite SPJ 150 |
| I WANT EVERY BIT OF IT | — |
| THAT'S THE BLUES | — |
| 4-F BLUES | — |
| G.I. BLUES | — |
| DREAM OF YOU | — |
| SEVENTH AVENUE | — |
| SORTA KINDA | — |
| OH OH MY MY | — |

## RUBBERLEGS WILLIAMS

Rubberlegs Williams (voc), Dizzy Gillespie, Bill Coleman, Benny Harris, inconnu (tp), Trummy Young, Vic Dickenson, 2 inconnus (tb), Johnny Bothwell, inconnu (as), Don Byas, inconnu (ts), Serge Chaloff (bs), Clyde Hart (p), Al Casey (g), Oscar Pettiford (b), Shelly Manne (dm). *NYC, 9 janvier 1945.*

| | |
|---|---|
| SOMETHING FOR YOU | Xanadu JX 6621 |
| EMPTY BED BLUES | — |
| WORRIED LIFE | — |

## JOE MARSALA SEXTET

Dizzy Gillespie (tp), Joe Marsala (cl), Cliff Jackson (p), Chuck Wayne (g), Irving Lang (b), Buddy Christian (dm). *NYC, 12 janvier 1945.*

| | |
|---|---|
| MY MELANCHOLY BABY | Music for Pleasure 2M0 56 64847 |
| CHEROKEE | — |
| ON THE ALAMO | — |

## DIZZY GILLESPIE SEXTET

Dizzy Gillespie (tp), Dexter Gordon (ts), Frank Paparelli (p), Chuck Wayne (g), Murray Shipinsky (b), Irv. Kluger (dm). *9 février 1945.*

| | |
|---|---|
| BLUE N'BOOGIE | Music for Pleasure 2M0 56 64847 |

## DIZZY GILLESPIE SEXTET

Dizzy Gillespie (tp), Charlie Parker (as), Clyde Hart (p), Remo

Palmieri (g), Slam Stewart (b), Cozy Cole (dm). *NYC, février-mars 1945.*

ALL THE THINGS
YOU ARE (*) — Music for Pleasure 2M0 56 64847
DIZZY ATMOSPHERE (*) — —
GROOVIN HIGH — Musicraft YW 7582 EV

(*) Également sur Musicraft YW 7582 EV.

**DIZZY GILLESPIE ALL STAR QUINTET**

Dizzy Gillespie (tp), Charlie Parker (as), Al Haig (p), Curley Russell (b), Sidney Catlett (dm). *NYC, 11 mai 1945.*

SHAW 'NUFF (*) — Music for Pleasure 2M0 56 64847
HOT HOUSE (*) — —
SALT PEANUTS — Musicraft YW 7582 EV

Même orchestre, Sarah Vaughan (voc), *même date.*

LOVER MAN (*) — Music for Pleasure 2M0 56 64847

(*) Également sur Musicraft YW 7582 EV.

**SARAH VAUGHAN AND HER ORCHESTRA**

Sarah Vaughan (voc), Dizzy Gillespie (tp), Charlie Parker (as), Flip Phillips (ts), Nat Jaffe (p), Bill DeArango (g), Curley Russell (b), Max Roach (dm). *NYC, 25 mai 1945.*

WHAT MORE CAN A WOMAN DO — Spotlite SPJ 150
MEAN TO ME (**) — —

Même orchestre, mais Tadd Dameron (p) à la place de Nat Jaffe. *Même date.*

I'D RATHER HAVE A MEMORY THAN DREAM — —

(**) Également sur Music for Pleasure 2M0 56 64847.

**RED NORVO AND HIS SELECTED SEXTET**

Dizzy Gillespie (tp), Charlie Parker (as), Flip Phillips (ts), Red Norvo (vb), Teddy Wilson (p), Slam Stewart (b), Specs Powell (dm). *NYC, 6 juin 1945.*

HALLELUJAH (3 prises différentes) — Spotlite SPJ 127
GET HAPPY (2 prises différentes) — —

Même orchestre, mais J.C. Heard (dm) à la place de Specs Powell. *Même date.*
SLAM SLAM BLUES (2 prises différentes) — —
CONGO BLUES (5 prises différentes) — —

**CHARLIE PARKER REE BOPPERS**

Charlie Parker (as), Dizzy Gillespie (p), Curley Russel (b), Max Roach (dm). *NYC, 26 novembre 1945.*

| | |
|---|---|
| WARMING UP A RIFF | Savoy WL 70 520 |
| MEANDERING | Savoy WL 70 527 |

Même orchestre, plus Miles Davis (tp). *Même date.*

| | |
|---|---|
| BILLIE'S BOUNCE (2 prises différentes) | Savoy WL 70 520 |
| BILLIE'S BOUNCE (3 autres prises) | Savoy WL 70 527 |
| NOW'S THE TIME (4 prises différentes) | — |
| THRIVING UP A RIFF (3 prises différentes) | — |

Même orchestre, mais Dizzy Gillespie (tp), et Argonne Thornton (p) à la place de Miles Davis (tp). *Même date.*

| | |
|---|---|
| KOKO | — |

Sans Argonne Thornton. *Même date.*

| | |
|---|---|
| KOKO (2e prise) | — |

**SLIM GAILLARD**

Dizzy Gillespie (tp), Charlie Parker (as), Jack McVea (ts), Dodo Marmarosa (p), Slim Gaillard (g, voc en 1), Bam Brown (b, voc en 2), Zutty Singleton (dm). *LA, décembre 1945.*

| | |
|---|---|
| FLAT FLOOT FLOOGIE (1, 2) (2 prises différentes) | Spotlite SPJ 150 et Savoy WL 70527 |
| POPPITY POP (1, 2) | — |
| SLIM'S JAM (1) | — |

Même orchestre mais Slim Gaillard (p), sans Dodo Marmarosa. *Même date.*

| | |
|---|---|
| DIZZY BOOGIE (2 prises) | — |

**THE TEMPO JAZZMEN**

Dizzy Gillespie (tp), Lucky Thompson (ts), Milt Jackson (vb), Al Haig (p), Ray Brown (b), Stan Levey (dm), The Tree Angels (voc). *Billy Berg's, LA, 7 février 1946.*

| | |
|---|---|
| CONFIRMATION | Spotlite SPJ 132 |
| DIGGIN FOR DIZ | — |
| DYNAMO B | — |
| WHEN I GROW TOO OLD TO DREAM | — |
| ROUND MIDNIGHT (1) | — |
| DYNAMO A | — |

ROUND MIDNIGHT (2) —
NOCTURNE —

**DIZZY GILLESPIE AND HIS ORCHESTRA**

Dizzy Gillespie (tp), Don Byas (ts), Milt Jackson (vb), Al Haig (p), Bill DeArango (g), Ray Brown (b), J. C. Heard (dm). *NYC, 22 février 1946.*

52nd STREET THEME RCA PM 42 408
(2 prises différentes)
A NIGHT IN TUNISIA —
OL'MAN REBOP —
ANTHROPOLOGY (2 prises différentes) —

**DIZZY GILLESPIE SEXTET**

Dizzy Gillespie (tp), Sonny Stitt (as), Milt Jackson (vb), Al Haig (p), Ray Brown (b), Kenny Clarke (dm). *NYC, 15 mai 1946.*

ONE BASS HIT nº 1 (*) Music for Pleasure 2M0 56 64847
THAT'S EARL BROTHER (*) —
OOP BOP SH'BAM (*) —
A HANDFULLA GIMME (*) —

(*) Également sur Musicraft YW 7582 EV.

**DIZZY GILLESPIE AND HIS ORCHESTRA**

Dizzy Gillespie, Dave Burns, Raymond Orr, Talib Daawood, John Lynch (tp), Alton Moore, Leon Cormenge, Charles Greenlea (tb), Howard Johnson, John Brown (as), Ray Abrams, Warren Lucky (ts), Pee-Wee Moore (bs), Milt Jackson (p), Ray Brown (b), Kenny Clarke (dm), Alice Roberts (voc) en 1. *NYC, 10 juin 1946.*

OUR DELIGHT Musicraft YW 7582 CV
GOOD DUES BLUES (1) —

Même orchestre, mais Milt Jackson (vb), John Lewis (p) en plus, et Gordon Thomas (tb) à la place de Charles Greenlea. *NYC, 9 juillet 1946.*

ONE BASS HIT nº 2 —
RAY'S IDEA —
THINGS TO COME —
HE BEEPED WHEN HE SHOULD HAVE BOPPED (1) —

**DIZZY GILLESPIE AND HIS ORCHESTRA**

Dizzy Gillespie, Dave Burns, Elmon Wright, Matthew McKay, John Lynch (tp), Alton Moore, Taswell Baird, Gordon Thomas (tb), John Brown, Scoops Carey (as), James Moody, Bill Frazier (ts), Pee-Wee

Moore (bs), Milt Jackson (vb), John Lewis (p), Ray Brown (b), Joe Harris (dm), Kenny Hagood (voc) en 1. *NYC, 12 novembre 1946.*

I WAITED FOR YOU (1) —
EMANON —

**DIZZY GILLESPIE AND HIS ORCHESTRA**

Dizzy Gillespie (tp, voc en 1), Dave Burns, Elmon Wright, Matthew McCay, Raymond Orr (tp), Bill Shepherd, Ted Kelly ou Joe Baird (tb), Howard Johnson, John Brown (as), Joe Gayles, George Nicholas ou James Moody (ts), Cecil Payne (bs), John Lewis (p), peut-être John Collins (g), Al McKibbon (b), Kenny Clarke ou Joe Harris (dm), Kenny Hagood (voc) en 1. *NYC, 22 août1947.*

OW RCA PM 42 408
OOP-POP-A-DA (1) —
TWO BASS HIT —
STAY ON HIT —

**BARRY ULANOV'S ALL STAR MODERN JAZZ MUSICIANS**

Dizzy Gillespie (tp), Charlie Parker (as), John LaPorta (cl), Lennie Tristano (p), Billy Bauer (g), Ray Brown (b), Max Roach (dm). *NYC, 13 septembre 1947.*

KOKO Festival 376
HOT HOUSE —
FINE AND DANDY —

Même orchestre. *NYC, 20 septembre 1947.*

KOKO —
ON THE SUNNY SIDE OF THE STREET —
TIGER RAG —
52nd STREET THEME —

**DIZZY GILLESPIE-CHARLIE PARKER QUINTET**

Dizzy Gillespie (tp), Charlie Parker (as), John Lewis (p), Al McKibbon (b), Joe Harris (dm). *Carnegie Hall, NYC, 29 septembre 1947.*

NIGHT IN TUNISIA Vogue 400 008
CONFIRMATION —
GROOVIN HIGH —
DIZZY ATMOSPHERE —

**DIZZY GILLESPIE AND HIS ORCHESTRA**

Dizzy Gillespie (tp, voc), Dave Burns, Elmon Wright, Benny Bailey (tp), Bill Shepherd, Ted Kelly (tb), Howard Johnson, John Brown (as), Joe Gayles, George Nicholas (ts), Cecil Payne (bs), John Lewis (p), Al McKibbon (b), Kenny Clarke (dm), Chano Pozo (perc), Kenny Hagood (voc). *NYC, 22 décembre 1947.*

| | |
|---|---|
| COOL BREEZE | RCA PM 42 408 |
| CUBANA BE | — |
| CUBANA BOP | — |

Même orchestre que le 22 décembre 1947. *NYC, 30 décembre 1947.*

| | |
|---|---|
| MANTECA | — |
| GOOD BAIT | — |
| OOL-YA-KOO | — |
| MINOR WALK | — |

Même orchestre que le 22 décembre 1947. *Stockholm, 2 février 1948.*

| | |
|---|---|
| THEME | Nec plus ultra 502 002 |
| OUR DELIGHT | — |
| I CAN'T GET STARTED | — |
| OOL-YA-KOO | — |
| MANTECA | — |
| MORE THAN YOU KNOW | — |
| OO-POP-A-DA | — |
| RAY'S IDEA | — |
| THEME | — |

Même orchestre que le 22 décembre 1947. *Salle Pleyel, Paris, 28 février 1948.*

| | |
|---|---|
| OOP-POP-A-DA | Vogue 400 018 |
| ROUND ABOUT MIDNIGHT | — |
| I CAN'T GET STARTED | — |
| OOL-YA-KOO | — |
| AFRO CUBAN SUITE | — |
| TWO BASS HIT | — |
| GOOD BAIT | — |
| THINGS TO COME | — |

## DIZZY GILLESPIE AND HIS ORCHESTRA

Dizzy Gillespie (tp, voc), Dave Burns, Elmon Wright, Willie Cook (tp), Jesse Tarant, Bill Shepherd, Andy Duryea (tb), John Brown (as), Ernie Henry (as, voc), James Moody, Joe Gayles (ts), Cecil Payne (bs), James Forman (p), Nelson Boyd (b), Teddy Stewart (dm), Chano Pozo (perc). *Pasadena Civic Auditorium, 26 juillet 1948.*

| | |
|---|---|
| EMANON | Jazz Legacy (Vogue) 500 060 |
| OOL-YA-KOO | — |
| ROUND ABOUT MIDNIGHT | — |
| STAY ON IT | — |
| GOOD BAIT | — |
| ONE BASS HIT | — |

I CAN'T GET STARTED —
MANTECA —

## DIZZY GILLESPIE AND HIS ORCHESTRA

Dizzy Gillespie (tp, voc), Dave Burns, Elmon Wright, Willie Cook (tp), Andy Duryea, Sam Hurt, Jesse Tarant (tb), John Brown, Ernie Henry (as), Budd Johnson, Joe Gayles (ts), Cecil Payne (bs), James Forman (p, celesta), Al McKibbon (b), Teddy Stewart (dm), Sabu Martinez (bongos), Joe Harris (conga). *NYC, 28 décembre 1948.*

| | |
|---|---|
| GUARACHI GUARO | RCA PM 42 408 |
| DUFF CAPERS | — |
| LOVER COME BACK TO ME | — |
| I'M BE BOPPIN' TOO (2 prises différentes) | — |

## METRONOME ALL STARS

Dizzy Gillespie, Fats Navarro, Miles Davis, Kay Winding, J.J. Johnson (tb), Buddy DeFranco (cl), Charlie Parker (as), Charlie Ventura (ts), Ernie Caceres, Lennie Tristano (p), Billy Bauer (g), Eddie Safransky (b), Shelly Manne (dm), Pete Rugolo (arrangeur). *NYC, 3 janvier 1949.*

| | |
|---|---|
| OVERTIME | RCA PM 42 408 |
| VICTORY BALL | — |

## DIZZY GILLESPIE AND HIS ORCHESTRA

Dizzy Gillespie, Willie Cook, Benny Harris, Elmon Wright (tp), Andy Duryea, Sam Hurt, Jesse Tarant (tb), John Brown, Ernie Henry (as), Joe Gayles, Yusef Lateef (ts), Alfred Gibson (bs), James Foreman (p), Al McKibbon (b), Teddy Stewart (dm), Vincent Guerra (perc). *NYC, 14 avril 1949.*

| | |
|---|---|
| SWEDISH SUITE | RCA PM 42 408 |
| SAINT LOUIS BLUES | — |

Même orchestre que le 1er avril 1949, Joe Carroll (voc) en 1. *NYC, 6 mai 1949.*

| | |
|---|---|
| KATY | — |
| JUM DID LE BA (1) | — |

Même orchestre que le 6 mai 1949, sauf J. J. Johnson et Charles Greenlea (tb) à la place de Sam Hurt et Jesse Tarrant. *NYC, 6 juillet 1949.*

| | |
|---|---|
| HEY PETE (1) | — |
| JUMPIN' WITH SYMPHONY SID | RCA PM 42 408 |
| IN THE LAND OF OO-BLA-DEE (1) | — |

## CHARLIE PARKER AND HIS ORCHESTRA

Dizzy Gillespie (tp), Charlie Parker (as), Thelonious Monk (p), Curley Russell (b), Buddy Rich (dm). *NYC, 6 juin 1950.*

| | |
|---|---|
| BLOOMDIDO | Verve 817 443-1 |
| AN OSCAR FOR TREADWELL (2 prises différentes) | — |
| MOHAWK (2 prises différentes) | — |
| MELANCHOLY BABY | — |
| LEAP FROG (2 prises différentes) | — |
| RELAXIN WITH LEE (2 prises différentes) | Verve 817 444-1 |

## DIZZY GILLESPIE SEXTET

Dizzy Gillespie (tp), John Coltrane (as, ts), Milt Jackson (p, vb), Kenny Burrell (g), Percy Heath (b), Kansas Fields (dm), the Calypso Boys (perc), Freddy Strong (voc) en 1. *Detroit, 1er mars 1951.*

| | |
|---|---|
| TIN TIN DEO | Savoy WL 70 517 (2) |
| BIRK'S WORKS | — |
| WE LOVE TO BOOGIE (1) | — |

## CHARLIE PARKER - DIZZY GILLESPIE

Dizzy Gillespie (tp), Charlie Parker (as), Bud Powell (p), Tommy Potter (b), Roy Haynes (dm). *Birdland, NYC, 31 mars 1951.*

| | |
|---|---|
| BLUE'N BOOGIE | CBS 82 291 |
| ANTHROPOLOGY | — |
| ROUND MIDNIGHT | — |
| NIGHT IN TUNISIA | — |
| JUMPIN' WITH SYMPHONY SID | — |

## DIZZY GILLESPIE SEXTET

Dizzy Gillespie (tp, p en 1), J.J. Johnson (tb), Budd Johnson (ts), Milt Jackson (p, vb), Percy Heath, Art Blakey (dm), Joe Carroll (voc) en 2, Melvin Moore (voc) en 3. *NYC, 16 avril 1951.*

| | |
|---|---|
| LADY BE GOOD (2) | Savoy WL 70 517 (2) |
| LOVE ME PRETTY BABY (3) | — |
| THE CHAMP (1) | — |

## DIZZY GILLESPIE SEXTET

Dizzy Gillespie (tp, voc en 1), Bill Graham (bs), Milt Jackson (p, vb), Percy Heath (b), Al Jones (dm), inconnu (perc) en 2, Joe Carroll (voc) en 3, Melvin Moore (voc) en 4. *NYC, 16 août 1951.*

| | |
|---|---|
| IN A MESS (3) | Savoy WL 70 517 (2) |
| SCHOOL DAYS (3) | — |

| | |
|---|---|
| SWING LOW, SWEET CADILLAC (1, 2) | — |
| BOPSIE'S BLUES (2 prises différentes) (4) | — |
| I COULDN'T BEAT THE RAP (4) | — |

Même orchestre que le 16 août 1951, plus Stuff Smith (vln) en (5), Milt Jackson (o) en 6. *NYC, 25 octobre 1951.*

| | |
|---|---|
| CARAVAN (2, 5) (2 prises différentes) | — |
| NOBODY KNOWS (3) | — |
| THE BLUEST BLUES (3) | — |
| ON THE SUNNY SIDE OF THE STREET (1, 3, 5) | — |
| STARDUST (5) | — |
| TIME ON MY HANDS (4, 6) | — |

**DIZZY GILLESPIE QUINTET**

Dizzy Gillespie (tp, voc en 1), Bill Graham (bs), Wynton Kelly (p), Bernie Griggs (b), Al Jones (dm), Joe Carroll (voc) en 2. *NYC, 18 juillet 1952.*

| | |
|---|---|
| BLUE SKIES | Savoy WL 70 517 (2) |
| UMBRELLA MAN (2) | — |
| POP'S CONFESSIN (1) | — |
| OO-SHOO-BE-DO-BE (1, 2) | — |
| THEY CAN'T TAKE THAT AWAY FROM ME | — |

**DIZZY GILLESPIE SEXTET**

Dizzy Gillespie (tp, voc en 1), Bill Graham (bs), Wade Legge (p), Lou Hackney (b), Al Jones (dm), Joe Carroll (voc) en 2. *Salle Pleyel, Paris, 9 février 1953.*

| | |
|---|---|
| THE CHAMP (*) (**) (1, 2) | Vogue 429 002 |
| TIN TIN DEO (**) | — |
| THEY CAN'T TAKE THAT AWAY FROM ME (*) | — |
| GOOD BAIT (*) (**) | — |
| THE BLUEST BLUES (*) (**) (2) | — |
| BIRKS WORKS (*) (**) | — |
| ON THE SUNNY SIDE OF THE STREET (**) (1, 2) | — |
| SWING LOW, SWEET... CADILLAC (*) (**) | — |
| MON HOMME (*) | — |
| OO-SHOO-BE-DO-BE (**) (1, 2) | — |
| SCHOOL DAYS (**) (2) | — |
| GHOST OF A CHANCE | — |
| LADY BE GOOD (1, 2) | — |
| PLAY, FIDDLE, PLAY | — |
| I CAN'T GET STARTED | — |

Même orchestre, plus Sarah Vaughan (voc). *Même date.*

EMBRACEABLE YOU —

(*) Également sur Vogue 400 0008.
(**) Également sur Vogue 400 018. Les douze premiers morceaux constituent en outre le disque Vogue 509 173.

## DIZZY GILLESPIE AND TONY PROTEAU'S ORCHESTRA

Dizzy Gillespie (tp). Probablement Bernard Hullin, Fernand Verstraete, Jean Liess, Roger Guérin (tp), Nat Peck, Charles Verstraete, André Paquinet (tb), Jack Ary, Robert Cuinet (as), André Ross, Daniel Dallolmo (ts), Henri Aspar (bs), Raymond LeSénéchal (p), Pierre Michelot (b), Gérard Pochonet (dm). *Paris, février 1953.*

| | |
|---|---|
| MINOR WALK | Nec plus ultra 502 002 |
| ROUND ABOUT MIDNIGHT | — |
| TWO BASS HIT | — |

## DIZZY GILLESPIE

Dizzy Gillespie (tp), Pierre Michelot (b). *Paris, février 1953.*

| | |
|---|---|
| MOON NOCTURNE | Nec plus ultra 502 002 |

## DIZZY GILLESPIE QUINTET

Dizzy Gillespie (tp), Wade Legge (p), Lou Hackney (b), Al Jones (dm), Joe Carroll (voc). *Paris, février 1953.*

| | |
|---|---|
| LADY BE GOOD | Nec plus ultra 502 002 |

Même orchestre, plus Nat Peck (tb), même date.

| | |
|---|---|
| SHOO BE DO BE | — |

Même orchestre, sans Nat Peck et Joe Carroll. Même date.

| | |
|---|---|
| BIRKS WORKS | — |
| MY MAN | — |

## JAM SESSION AVEC DIZZY GILLESPIE

Dizzy Gillespie, Bernard Hullin (tp), Nat Peck (tb), André Ross (ts), etc. *Paris, février 1953.*

| | |
|---|---|
| JAM SESSION | Nec plus ultra 502 002 |

## THE QUINTET OF THE YEAR

Dizzy Gillespie (tp), Charlie Parker (as), Bud Powell (p), Charles Mingus (b), Max Roach (dm). *Massey Hall, Toronto, 15 mai 1953.*

| | |
|---|---|
| WEE (Allen's Alley) | Prestige 68 319 |
| HOT HOUSE | — |

| | |
|---|---|
| NIGHT IN TUNISIA | — |
| PERDIDO | — |
| SALT PEANUTS | — |
| ALL THE THINGS YOU ARE/ 52nd STREET THEME | — |

## DIZZY GILLESPIE WITH THE ORCHESTRA

Dizzy Gillespie (tp, voc), Ed Leddy, Marky Markowitz, Bob Carey, Charlie Frankhauser, Bunny Aldhizer, Al Porcino (tp), Earl Swope, Rob Swope, Dick Leith (tb), Mike Goldberg (as), Angelo Tompros, Jim Parker, Spencer Sinatra (ts), Joel Davie (bs), Larry Eanet (p), Ed Diamond (p, perc), Mert Oliver, Tom McKay (b), Joe Timer (d), Jack Franklin (perc), Buddy Rowell (timbales), "Bovino", George Caldwell (congas). *Washington, D.C. 3 mars 1955.*

| | |
|---|---|
| THE AFRO SUITE | Electra 96—0300—1 |
| HOBNAIL BOOGIE | — |
| WILD BILL'S BOOGIE | — |
| CARAVAN | — |
| TIN TIN DEO | — |
| UP "N" DOWNS | — |

## JATP

Roy Eldridge, Dizzy Gillespie (tp), Flip Phillips, Lester Young, Illinois Jacquet (ts), Oscar Peterson (p), Herb Ellis (g), Ray Brown (b), Buddy Rich (dm). *Chicago Opera House, Chicago, 2 octobre 1955.*

| | |
|---|---|
| THE BLUES | Verve 815 155-1 |
| THE MODERN SET | — |
| THE BALLAD MEDLEY | — |
| THE SWING SET | — |

## THE MODERN JAZZ SEXTET

Dizzy Gillespie (tp), Sonny Stitt (as), John Lewis (p), Skeeter Best (g), Percy Heath (b), Charlie Persip (dm). *NYC, 1956.*

| | |
|---|---|
| TOUR DE FORCE | Verve 823 091-1 |
| DIZZY MEETS SONNY | — |
| OLD FOLKS | — |
| WHAT'S NEW | — |
| HOW DEEP IS THE OCEAN | — |
| MEAN TO ME | — |
| BLUES FOR BIRD | — |

## DIZZY GILLESPIE BIG BAND

Dizzy Gillespie, Lee Morgan, Emmet Perry, Carl Warwick, Talib Daawud (tp), Rod Leavitt, Melba Liston, Al Gray (tb), Jimmy Powell, Ernie Henry (as), Benny Golson, Billy Mitchell (ts), Billy Root (bs),

Wynton Kelly (p), Paul West (b), Charlie Persip (dm). *NYC, 7-8 avril 1957.*

| | |
|---|---|
| JORDU | Verve 23 MJ 3361 |
| BIRK'S WORKS | — |
| UMBRELLA MAN | — |
| AUTUMN LEAVES | — |
| TANGORINE | — |
| OVER THE RAINBOW | — |
| YO NO QUIERO BAILAR | — |
| IF YOU COULD SEE ME NOW | — |
| LEFT-HAND CORNER | — |
| WHISPER NOT | — |

## DIZZY GILLESPIE - SITTIN IN

Dizzy Gillespie (tp), Stan Getz, Paul Gonsalves, Coleman Hawkins (ts), Wynton Kelly (p), Wendell Marshall (b), J.C. Heard (dm). *Juillet 1957.*

| | |
|---|---|
| DIZZY ATMOSPHERE | Verve 23 MJ 3296 |
| BALLAD MEDLEY (I'm through with love, without a word of warning, Sweet Lorraine, Love walked in, September song.) | — |
| THE WAY YOU LOOK TONIGHT | — |
| BALLAD MEDLEY (On the Alamo, Stompin' at the Savoy, This time the dream is real, Time after time, Gone with the wind.) | — |

## DIZZY GILLESPIE OCTET

Dizzy Gillespie (tp), Henry Coker (tb), Gigi Gryce (as), Benny Golson (ts), Pee-Wee Moore (bs), Ray Bryant (p), Tommy Bryant (b), Charlie Persip (dm). *NYC, 17 décembre 1957.*

| | |
|---|---|
| BLUES AFTER DARK | Verve 2304 382 |
| SEA BREEZE | — |
| OUT OF THE PAST | — |
| SHABOZZ | — |
| REMINISCING | — |
| A NIGHT AT TONY'S | — |
| SMOKE SIGNALS | — |
| JUST BY MYSELF | — |

## DIZZY GILLESPIE - A PORTRAIT OF DUKE ELLINGTON

Dizzy Gillespie (tp), Benny Green (tb), Robert DeDominica (fl), Stan Webb, Paul Richie, John Murtauch, Ernest Bright (anches), Richard Berg, Ray Alonge, Joe Singer (cors), Ja McAllister (tuba), Hank Jones (p), George Duvivier (b), Charlie Persip (dm), George Devens (vb).

*NYC, 27-28 avril 1960.*

| | |
|---|---|
| IN A MELLOW TONE | Verve 817 107-1 |
| THINGS AIN'T WHAT THEY USED TO BE | — |
| SERENADE TO SWEDEN | — |
| CHELSEA BRIDGE | — |
| UPPER MANHATTAN MEDICAL GROUP | — |
| DO NOTHIN 'TIL YOU HEAR FROM ME | — |
| CARAVAN | — |
| SOPHISTICATED LADY | — |
| JOHNNY COME LATELY | — |
| PERDIDO | — |
| COME SUNDAY | — |

## DIZZY GILLESPIE BIG BAND

Dizzy Gillespie, Clark Terry, Bama Warwick, John Frosk, Nick Travis (tp), George Matthews, Arnet Sparrow, Britt Woodman, Paul Faulise (tb), Gunther Schuller, Jim Buffington, John Barrows, Richard Berg (cors), Leo Wright (as, fl), Don Butterfield (tuba), Lalo Schifrin (p), Arthur Davis (b), Chuck Lampkins (dm), Ray Barretto, Julio Colazo, José Mangual (perc). *Carnegie Hall, NYC, 4 mars 1961.*

| | |
|---|---|
| MANTECA | Verve 2304 429 |
| THIS IS THE WAY | — |
| OOL-YA-KOO | — |
| KUSH | — |
| TUNISIAN FANTASY | — |

## DIZZY GILLESPIE QUINTET

Dizzy Gillespie (tp, vcl), Leo Wright (as, fl), Lalo Schifrin (p), Bob Cunningham (b), Chuck Lampkin (dm). *Monterey Jazz Festival, 23 septembre 1961.*

| | |
|---|---|
| DESAFINADO | Affinity AFF 142 |
| LORRAINE | — |
| LONG LONG SUMMER | — |
| PAU DE ARARA | — |
| KUSH | — |

Même orchestre, Joe Carroll (voc). *Même date.*

| | |
|---|---|
| OOP POP A DO | — |

## DIZZY GILLESPIE - THE LOST CONTINENT

Dizzy Gillespie, Al Porcino, Ray Triscani, Stu Williamson, Conte Candoli (tp), Frank Rosolino, Mike Sarone, Bob Edmonson, Kenny Shroyer (tb), Chas Thompson, Stuart Rensey, Luis Kant (cors), Red Callender (tuba), Phil Woods, Charlie Kennedy (as), James Moody, Bill Perkins (ts), Bill Hood (bs), Lalo Schifrin (p), Al Hendrickson (g), Buddy Clark, Chris White (b), Mel Lewis, Rudy Collins (dm), Emit

Richards, Larry Bunker, Francisco Aquabella (perc.), Benny Carter (chef d'orchestre). *LA, septembre 1962.*

| | |
|---|---|
| THE LEGEND OF ATLANTIS | EmArcy EMS 2-410 |
| THE EMPIRE | |
| THE CONQUERORS | |
| THE CHAINS | |
| THE SWORDS | |
| CHORALE | |

## DIZZY GILLESPIE QUINTET

Dizzy Gillespie (tp), James Moody (as, ts, fl), Kenny Barron (p), Chris White, Rudy Collins (dm). *NYC. 24 avril 1963.*

| | |
|---|---|
| THE DAY AFTER | EmArcy EMS 2-410 |
| NOVEMBER AFTERNOON | — |
| CUP BEARERS | — |

## DIZZY GILLESPIE ET LES DOUBLE SIX

Les Double-Six : Mimi Perrin, Christiane Legrand, Claudine Barge, Ward Swingle, Jean-Claude Briodin, Robert Smart, Eddy Louiss (voc), arrangements vocaux de Lalo Schifrin, et Dizzy Gillespie (tp), Bud Powell (p), Pierre Michelot (b), Kenny Clarke (dm). *Paris, juin/juillet 1963.*

| | |
|---|---|
| ONE BASS HIT | Phillips 6337 203 |
| TWO BASS HIT | — |
| EMANON | — |
| BLUE "N" BOOGIE | — |
| THE CHAMP | — |
| TIN TIN DEO | — |
| GROOVIN' HIGH | — |
| OW | — |
| HOT HOUSE | — |
| ANTHROPOLOGY | — |

Les Double-Six et Dizzy Gillespie (tp), James Moody (ts, fl), Kenny Barron (p), Chris White (b), Rudy Collins (dm). *Chicago, 20 septembre 1963.*

| | |
|---|---|
| CON ALMA | — |
| OO-SHOO-BE-DOO | — |

## DIZZY GILLESPIE QUINTET - THE COOL WORLD

Dizzy Gillespie (tp), James Moody (ts), Kenny Barron (p), Chris White (b), Rudy Collins (dm). *NYC, 21-22-23 avril 1964.*

| | |
|---|---|
| THEME FROM THE COOL WORLD | EmArcy EMS 2-410 |
| THE PUSHERS | — |

| | |
|---|---|
| ENTER PRIEST | — |
| DUKE AWAKENING | — |
| DUKE ON THE RUN | — |
| STREET MUSIC | — |
| BONNIE'S BLUES | — |
| CONEY ISLAND | — |
| DUKE'S FANTASY | — |
| COOLIE | — |
| DUKE'S LAST SOLILOQUI | — |

**DIZZY GILLESPIE QUINTET**

Dizzy Gillespie (tp, voc en 1), James Moody (as, ts, fl, voc en 2), Mike Longo (p), Frank Schifano (b), Candy Finch (dm). *Memory Lane Club, LA, 25/26 mai 1967.*

| | |
|---|---|
| SWING LOW SWEET CADILLAC (1, 2) | Impulse AS 9149 |
| MAS QUE | — |
| BYE | — |
| SOMETHING IN YOUR SMILE (2) | — |
| KUSH | — |

**THE DIZZY GILLESPIE REUNION BIG BAND**

Dizzy Gillespie, Jimmy Owens, Dizzy Reece, Victor Paz, Stu Hamier (tp), Curtis Fuller, Tom McIntosh, Ted Kelly (tb), Chris Woods (as) . James Moody (ts, fl), Paul Jeffrey (ts), Sahib Shibab, Cecil Payne (bs), Mike Longo (p), Paul West (b), Candy Finch (dm). *Berlin Philharmonic Hall, Berlin, 7 novembre 1968.*

| | |
|---|---|
| THINGS TO COME | MPS 15207 |
| ONE BASS HIT | — |
| FRISCO | — |
| CON ALMA | — |
| THE THINGS ARE HERE | — |
| THEME (Birk's Works) | — |

**DIZZY GILLESPIE**

Dizzy Gillespie (tp), Mike Longo (p), George Davis (g), Andrew Gonzalez (b), Jerry Gonzalez (conga), Nicholas Marrero (timbales), Carlos Valdez (conga). *NYC, janvier 1971.*

| | |
|---|---|
| OLINGA | Festival A 215 |
| DIDDY WA DIDDY | — |
| ME "N" THEM | — |
| TIMET | — |

**DIZZY GILLESPIE**

Dizzy Gillespie, Bobby Hackett (tp), Mary Lou Williams (p), George

Duvivier (b), Grady Tate (dm). *The Overseas Press Club, NYC, 31 janvier 1971.*

| | |
|---|---|
| LOVE FOR SALE | Festival A 215 |
| AUTUMN LEAVES | — |
| CARAVAN | — |
| JITTERBUG WALTZ | — |
| WILLOW WEEP FOR ME | — |
| BIRK'S WORKS | — |
| MY MAN | — |

**DIZZY GILLESPIE SEXTET**

Dizzy Gillespie (tp), Johnny Griffin (ts), Kenny Drew (p), N. H. O. Pedersen (b), Kenny Clarke (dm), Humberto Canto (timbales). *Paris, France. avril 1973.*

| | |
|---|---|
| MANTECA | Accord (*) 139 005 |
| ALONE TOGETHER | — |
| BROTHER "K" | — |
| WHEATLEIGH HALL | — |
| STELLA BY STARLIGHT | — |
| I WAITED FOR YOU | — |
| GIRL OF MY DREAMS | — |

(*) Disque compact (Musidisc).

**DIZZY GILLESPIE BIG FOUR**

Dizzy Gillespie (tp), Joe Pass (g), Ray Brown (b), Mickey Roker (dm). *LA, 19 septembre 1974.*

| | |
|---|---|
| TENGA | Pablo 2310719 |
| HURRY HOME | — |
| RUSSIAN LULLABY | — |
| BEBOP (Dizzy Fingers) | — |
| BIRK'S WORKS | — |
| SEPTEMBER SONG | — |
| JITTERBUG WALTZ | — |

**GILLESPIE-PETERSON DUO**

Dizzy Gillespie (tp), Oscar Peterson (p). *Londres, 28-29 novembre 1974.*

| | |
|---|---|
| CARAVAN | Pablo 2310740 |
| MOZAMBIQUE | — |
| AUTUMN LEAVES | — |
| CLOSE YOUR EYES | — |
| BLUES FOR BIRD | — |
| DIZZY ATMOSPHERE | — |
| ALONE TOGETHER | — |
| CON ALMA | — |

| | |
|---|---|
| STELLA BY STARLIGHT | Pablo 2310817 |
| THERE IS NO GREATER LOVE | — |

**DIZZY GILLESPIE Y MACHITO**

Dizzy Gillespie (tp), Victor Paz, Paul Gonzalez, Ramon Gonzalez jr, Manny Duran (tp, flh), Barry Morrow, Lewis Kahn, Gerald Chamberlain (tb), Brooks Tillotson, Don Corrado (frh), Bob Stewart (tu), Mario Bauza (as, cl), Mauricio Smith (as, fl, piccolo), Jose Madera (ts, cl), Mario Rivera (ts, alto fl), Jorge Dalto (electric p), Carlos Castillo (b), Dana McCurdy (synthesizer), Mickey Roker (dm), Julio Colazo, Rene Hernandez (tambours africains), Mario Grillo (bongos, congas, bells, perc). Jose Madera jr (timbales, cabassa, perc), Machito (maracas, claves). *NYC, 4-5 juin 1975.*

| | |
|---|---|
| ORO INCENSIO Y MIRRA | Pablo 2310771 |
| CA LIDOSCOPICO | — |
| PENSATIVO | — |
| EXUBERANTE | — |

**DIZZY GILLESPIE BIG SEVEN**

Dizzy Gillespie (tp), Eddie Davis, Johnny Griffin (ts), Milt Jackson (vbs), Tommy Flanagan (p), N. H. Orsted Pedersen (b), Louie Bellson (dm). *Montreux Jazz Festival, 16 juillet 1975.*

| | |
|---|---|
| LOVER COME BACK TO ME | Pablo 2310749 |
| WHAT'S NEW | — |
| CHEROKEE | — |
| I'LL REMEMBER APRIL | — |

**DIZZY GILLESPIE-BENNY CARTER**

Dizzy Gillespie (tp), Benny Carter (as), Tommy Flanagan (p), Joe Pass (g), Al McKibbon (b), Mickey Roker (dm, vcl). *27 avril 1976.*

| | |
|---|---|
| SWEET AND LOVELY | Pablo 2310781 |
| BROADWAY | — |
| THE COURTSHIP | — |
| CONSTANTINOPLE | — |
| NOBODY KNOWS THE TROUBLE I'VE SEEN | — |
| NIGHT IN TUNISIA | — |

**DIZZY GILLESPIE SEXTET**

Dizzy Gillespie (tp), Ray Pizzi (ts, ss, fl), Rodney Jones (g), Benjamin Franklin Brown (b), Mickey Roker (dm), Paulino DaCosta (perc). *15-16 septembre 1976.*

| | |
|---|---|
| DIZZY'S PARTY | Pablo 2310784 |
| SHIM-SHAM SHIMMY ON THE | |

| | |
|---|---|
| ST. LOUIS BLUES | — |
| HARLEM SAMBA | — |
| LAND OF MILK AND HONEY | — |

**DIZZY GILLESPIE-COUNT BASIE**

Dizzy Gillespie (tp), Count Basie (p), Ray Brown (b), Mickey Roker (dm). *Las Vegas, 3 février 1977.*

| | |
|---|---|
| BACK TO THE LAND | Pablo 2310833 |
| CONSTANTINOPLE | — |
| YOU GOT IT | — |
| ST. JAMES INFIRMARY | — |
| FOLLOW THE LEADER | — |
| OW | — |

**DIZZY GILLESPIE JAM**

Dizzy Gillespie, John Faddis (tp), Milt Jackson (vbs), Monty Alexander (p), Ray Brown (b), Jimmie Smith (dm). *Montreux Jazz Festival, 14 juillet 1977.*

| | |
|---|---|
| GIRL OF MY DREAMS | Pablo 2308211 |
| GET HAPPY | — |
| ONCE IN A WHILE — BUT BEAUTIFUL — HERE'S THAT RAINY DAY (Medley) | — |
| THE CHAMP | — |
| HERE 'TIS | — |

**DIZZY GILLESPIE**

Dizzy Gillespie (tp), Toots Thielemans (g), Bernard Purdie (dm). *Montreux Jazz Festival, 19 juillet 1980.*

| | |
|---|---|
| CHRISTOPHER COLUMBUS | Pablo Live D2308226 |
| I'M SITTING ON TOP OF THE WORLD | — |
| MANTECA | |
| GET THAT BOOTY | |
| KISSES | |

**MONGO SANTAMARIA**

Mongo Santamaria (congos, bongos), Dizzy Gillespie (tp), Tommy Villariny (tp, cowbell), Allen Hoist (as, fl, bars, cello), Doug Harris (ts, fl), Toots Thielemans (harmonica), Milt Hamilton (p), Lee Smith (b), Steve Berrios (dm, timbales). *Montreux Jazz Festival, 19 juillet 1980.*

| | |
|---|---|
| VIRTUE | Pablo Live D2308229 |
| AFRO BLUE | — |
| SUMMERTIME | — |
| MAMBO MONGO | — |

## DIZZY GILLESPIE

Dizzy Gillespie (tp), James Moody (as, ts, fl), Ed Cherry (g), Mike Howell (b), George Hughes (dm). *Montreux Jazz Festival, 17 juillet 1981.*

| | |
|---|---|
| MANTECA | Pablo Live D2620116 |
| CON ALMA | — |
| S.J.K. | — |
| NIGHT IN TUNISIA | — |
| BROTHER KING | — |
| BODY AND SOUL | — |
| TANGA | — |
| OLINGA | — |

## DIZZY GILLESPIE AND ARTURO SANDOVAL

Dizzy Gillespie, Arturo Sandoval (tp), Esko Linnavalli (p), Pekka Sarmanto (b), Esko Rosnell (dm). *Helsinki, Finlande, 9 septembre 1982.*

| | |
|---|---|
| WHEATLEIGH HALL | Pablo 2310889 |
| FIRST CHANCE | — |
| AND THEN SHE STOPPED | — |
| RIMSKY | — |
| DIZZY THE DUCK | — |

## DIZZY GILLESPIE - NEW FACES

Dizzy Gillespie (tp), Bob Marsalis (ts), Kenny Kirkland (p), Lonnie Plaxico (b), Robert Ameen (dm).

| | |
|---|---|
| BIRK'S WORKS | GRP 91 012 |
| LORRAINE | — |
| TIN TIN DEO | — |
| TENOR SONG | — |
| BALLAD | — |
| FIESTA MOJO | — |
| EVERY MORNING | — |

## ALBUMS CITÉS DANS LA DISCOGRAPHIE

Accord (Musidisc) 139 217 — Dizzy GILLESPIE, *The Giant*. Disque compact uniquement.
Affinity AFF 142 — Dizzy GILLESPIE, *OO-Pop-a-dah*.
CBS 82 291 — Charlie PARKER, *Summit meeting at Birdland*.
Electra-Musician (WEA) — Dizzy GILLESPIE, *One night in Washington*.
EmArcy EMS-2-410 — Dizzy GILLESPIE, *Composer's Concept*. Album de 2 disques.
Festival (Musidisc) A 215 — Dizzy GILLESPIE, *The Great Modern Jazz Trumpet*. Album de 2 disques.
Festival (Musidisc) A 376 — Charlie PARKER (1947-1948). Album de 2 disques.
Impulse AS 9149 — Dizzy GILLESPIE, *Swing low, sweet ... Cadillac*.
GRP 91 012 — Dizzy GILLESPIE, *New Faces*. Disponible en disque compact : D 95 012.
Jazz Anthology (Musidisc) JA 5122 — Charlie CHRISTIAN, *Live at Minton's, 1941*.
Jazz Legacy (Vogue) 500 056 — Coleman HAWKINS, *Bean's talking again*.
Jazz Legacy (Vogue) 500 060 — Dizzy GILLESPIE, *Pasadena Concert*.
MPS (Harmonia Mundi) 15 207 — Dizzy GILLESPIE, *Reunion Big Band*.
Music for Pleasure (EMI) 2 M0 56 64 847 — *The Birth of modern jazz*. Album de 3 disques.
Musicraft YW 7582 EV — Dizzy GILLESPIE, *Things to come*. Import japonais.
Nec plus ultra (Vogue) 502 002 — Dizzy GILLESPIE, *En Suède et concert du Rex*.
Pablo (RCA) 2308 211 — Dizzy GILLESPIE, *Jazz Montreux 77*.
Pablo (RCA) D2308 226 — Dizzy GILLESPIE, *Digital at Montreux 1980*.
Pablo (RCA) D2308 229 — Mongo SANTAMARIA, *Digital at Montreux 1980*.
Pablo (RCA) 2310 719 — Dizzy GILLESPIE, *Dizzy Gillespie's Big 4*.
Pablo (RCA) 2310 740 — Oscar PETERSON and Dizzy GILLESPIE.
Pablo (RCA) 2310 749 — Dizzy GILLESPIE, *At the Montreux Festival 1975*. Disponible en disque compact : J 33 J 200 38.
Pablo (RCA) 2310 771 — Dizzy GILLESPIE y MACHITO, *Afro Cuban Moods*.
Pablo (RCA) 2310 781 — Dizzy GILLESPIE and Benny CARTER, *Carter Gillespie Inc*.
Pablo (RCA) 2310 784 — Dizzy GILLESPIE, *Dizzy's Party*.
Pablo (RCA) 2310 817 — Oscar PETERSON, *Jousts*.
Pablo (RCA) 2310 833 — Dizzy GILLESPIE and Count BASIE, *The Gifted One*.
Pablo (RCA) 2310 889 — Dizzy GILLESPIE and Arturo SANDOVAL, *To a Finland Station*.
Pablo (RCA) 2620 117 — Dizzy GILLESPIE, *Musician, composeur, raconteur*.
Philips 6337 203 — Dizzy GILLESPIE and THE DOUBLE-SIX of Paris.
Prestige (Carrère) 68 319 — THE QUINTET OF THE YEAR, *Jazz at Massey Hall : the greatest concert ever*. Album de 2 disques.

RCA PM 42 417 — Lionel HAMPTON, *Historical recording session*, vol. 2 (1939-1941). Coffret de 3 disques.
RCA PM 42 408 — Dizzy GILLESPIE, *Dizzy Gillespie's orchestra* (1946-1949).
Savoy WL 70 517 (2) — Dizzy GILLESPIE, *Dee Gee Days.* Album de 2 disques.
Savoy WL 70 520 — Charlie PARKER, *The Complete Savoy Sessions*, vol. 1.
Savoy WL 70 527 — Charlie PARKER, *The Complete Savoy Sessions*, vol. 2.
Spotlite SPJ 127 — Red NORVO, *Fabulous jazz session.*
Spotlite SPJ 132 — THE TEMPO JAZZMEN, THE HERMANITES, CONFIRMATION.
Spotlite SPJ 150 — Charlie PARKER, *Every bit of it.*
Verve 2304 382 — Dizzy GILLESPIE, *the Greatest Trumpet of them all.*
Verve 2304 429 — Dizzy GILLESPIE, *Carnegie Hall Concert.*
Verve 815 155-1 — JATP, *Blues in Chicago.*
Verve 817 107-1 — Dizzy GILLESPIE, *A portrait of Duke Ellington.* Disponible en disque compact : 817 107-2.
Verve 817 443-1 — Charlie PARKER, *Bird on Verve*, vol. 2.
Verve 817 444-1 — Charlie PARKER, *Bird on Verve*, vol. 3.
Verve 823 091-1 — THE MODERN JAZZ SEXTET.
Verve 23 MJ 3296 — Dizzy GILLESPIE, *Sittin in.* Import japonais.
Verve 23 MJ 3361 — Dizzy GILLESPIE, *Birk's Works.* Import japonais.
Vogue 400 008 — Charlie PARKER, Dizzy GILLESPIE, Miles DAVIS : *Trois Géants du jazz.* Album de 2 disques.
Vogue 400 018 — Dizzy GILLESPIE : *The Legendary.*
Vogue 429 002 — Dizzy GILLESPIE : *The Complete Pleyel Concert, 1953.* Album de 2 disques. Disponible en disque compact : 600 031.
Vogue 509 173 — Dizzy GILLESPIE : *Pleyel Concert, 1953.*
Xanadu (Vogue) JX 6621 — *Be bop revisited*, vol. 2.

## D'AUTRES DISQUES

Dizzy GILLESPIE, *And his orchestra* (1947-1949), Spotlite SPJ 122.
Dizzy GILLESPIE (1948-1952), Queen Disc (Harmonia Mundi) Q 045.
Dizzy GILLESPIE, *Bebop enters Sweden* (import suédois), Dragon, drlp 34.
Dizzy GILLESPIE and Stan GETZ, *Diz and Getz*, Verve 2610 045. 2 disques.
Dizzy GILLESPIE, The Sonny Rollins/Sonny Stitt Sessions, Verve 2610 028. 2 disques.
Dizzy GILLESPIE, *At Newport*, Verve 2304 348 ou (import japonais) 23 MJ 3121.
Dizzy GILLESPIE, Something old, something new, Philips 6336 303.
Dizzy GILLESPIE and Sonny STITT, *All Star Date*, Sonet (Vogue) SNTF 692.
*Trumpet Summit* (avec Clark Terry, Freddie Hubbard), Pablo 2312 114.
Oscar PETERSON, *Jam*, Pablo 2308 208.
Dizzy GILLESPIE and Joe TURNER, Pablo 2310 717.
Dizzy GILLESPIE, *In Paris.* Disque compact : 600 047.
Dizzy GILLESPIE, *Closer to the source*, disque compact, Electric Bird, K32Y6019.

Dizzy GILLESPIE, *Selections from the 1980 Aurex Jazz Festival* (import japonais), East World EWJ 80 189. Disque compact : CP 355 012.
Dizzy GILLESPIE, *Afro Cuban Bop*, Vogue BLJ 8020.
Dizzy GILLESPIE (1948-1953), Vogue 502 002.
Dizzy GILLESPIE, *Monterey Jazz Festival*, Vogue 500 090.
Dizzy GILLESPIE, *Havin a good time in Paris*, Vogue 500 089.
Dizzy GILLESPIE, Sweet Soul, The Jazz Club (EMI) M056 64 825.
Dizzy GILLESPIE, *Dizzy in Greece*, Verve MV 2630, et *World Statesman*, Verve MV 2590, ne sont pas des plus faciles à trouver chez les disquaires (import japonais), mais présentent les enregistrements importants de l'orchestre du Département d'État avec lequel Dizzy accomplit sa tournée en Orient de 1956, que Raymond Horricks cite dans le livre.

Avec Herbie Hancock à Nice en 1983.

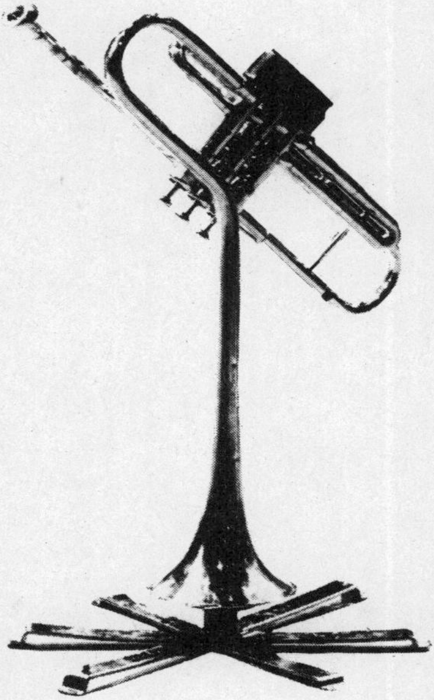

Joachim-Ernst BERENDT

# le Grand Livre du JAZZ

*de New Orleans jusqu'au jazz rock*

Rocher

# Aux Éditions Garancière

## AVENTURES FANTASTIQUES

**(Collection dirigée par Richard D. NOLANE)**

**N° 1 : ANDERSON (P.).** HROLF KRAKI, tome 1 (volume simple).

**N° 2 : ANDERSON (P.).** HROLF KRAKI, tome 2 (volume simple).

**N° 3 : HAGGARD SIR M. RIDER.** LE DIEU JAUNE (volume double).

**N° 4 : HARRISON (J.).** LA CITÉ PASTEL (volume simple).

**N° 5 : WILLIAMSON JACK.** SANG DORÉ (volume double).

**N° 6 : HARRISON M. JOHN.** LE SIGNE DES LOCUSTES (volume double).

**N° 7 : SHERRELL CARL.** RAUM (volume simple).

**N° 8 : HARRISON M. JOHN.** LES DIEUX INCERTAINS (volume simple).

**N° 9 : JACQ CHRISTIAN.** L'EMPIRE DU PAPE BLANC (volume simple).

**N° 10 : ANDERSON POUL.** TROIS CŒURS, TROIS LIONS (volume simple).

## CUISINE

**ANSELLEM (A.).** LA CUISINE PIED-NOIR, RITUELLE ET DIÉTÉTIQUE.

**BEN-YAMINE.** LA CUISINE ALGÉRIENNE.

**LAGRANDEUR (H.-N.).** GUIDE DES BISTROTS A VIN DE PARIS ET BANLIEUE (cartonné).

**PINTO (E.).** LA BONNE CUISINE PORTUGAISE.

## ÉSOTÉRISME, ÉTRANGE

**BULTEAU (M.).** L'HÔTEL LALLEMANT DE BOURGES. Historique et symbolique d'une demeure à l'antique.

**BULTEAU (M.).** LE PLESSIS-BOURRÉ, ALCHIMIE ET MYSTÈRES.

**CASGHA (J.Y.).** LE BOULEVARD DE L'ÉTRANGE.

**GASGHA (J.Y.).** LE CARNET DE L'INSOLITE.

**COLIN (F.).** ASTROLOGIE ET GRAPHOLOGIE -TRAITÉ DE GRAPHOLOGIE PLANÉTAIRE.

**DELCLOS (M.).** L'ASTROLOGIE DES CONSTELLATIONS PRÉVISIONS POUR 1985.

**DORSAN (J.).** VOTRE SIGNE ASTROLOGIQUE N'EST PAS CELUI QUE VOUS CROYEZ.

**HYMAN (K.).** ASTROLOGIE ET GÉNIE CRÉATEUR. PEINTRES, SCULPTEURS, ÉCRIVAINS.

**JACQ (C.).** LA FRANC-MAÇONNERIE - HISTOIRE ET INITIATION.

**MAC NAUGHTON (R.).** COMMENT TRANSFORMER VOTRE VIE PAR L'ASTROLOGIE ?

**MONROE ROBERT (A.).** LE VOYAGE HORS DU CORPS. TECHNIQUES DE PROJECTION DU CORPS ASTRAL.

**RAMPA (L.-T.).** LA TREIZIÈME CHANDELLE (par l'auteur du Troisième Œil).

**RISEMAN (T.).** PRATIQUE DU YI-KING.

**REJU (D.).** LA PROPHÉTIE DES PAPES ET L'APOCALYPSE.

**SCHWARTZ (J.-M.).** LES MYSTÈRES DE L'ILE DE PAQUES.

**TERVAGNE (S. DE).** L'AU-DELÀ MÈNE L'ENQUÊTE. LE TESTAMENT DE MADAME FRAYA.

**TERVAGNE (S. DE).** UNE VOYANTE A L'ÉLYSÉE.

**DÉVELOPPEZ VOS POUVOIRS** (19 F chaque).

1. LA RADIESTHÉSIE (Leftwich R.H.).
2. LA LECTURE DE LAURA (Butler W.E.).
3. LES RÊVES (Dudley G.A.).
4. LA RÉINCARNATION (Brennan J.H.).
5. LA CLAIRVOYANCE (Butler W.E.).
6. LE TAROT (Lind F.)
7. L'HYPNOSE (Edmunds S.).

8. LA PROJECTION ASTRALE (Martin A.).
9. LES LIGNES DE LA MAIN (Anderson M.).
10. OCCULTISME, EXERCICES ET PRATIQUE (Knight G.K.).
11. PSYCHOMÉTRIE. COMMENT FAIRE PARLER LES OBJETS (Butler W.E.).

## HISTOIRE VÉCUE

**CHRIS.** L'ENFER DU CENTRE DE RÉÉDUCATION (G. Dilego et B.J. Hurwood).
**CHRIS.** FILLE PERDUE SANS COLLIER (P. May).
**CHRIS.** LA FUGUEUSE (P. May).
**CHRIS.** LA VOLEUSE (P. May).
**DEVEY (P.).** DANS L'OMBRE DE LA GUILLOTINE : YVES MAUPETIT RACONTE.
**JULIE.** CONFESSION D'UNE DROGUÉE DE 15 ANS.
**MAY (P.).** LA NOVICE, DANS L'ENFER D'UNE SECTE A 17 ANS.
**THOMACIN (J.-P.).** THRILLER (De ce roman a été tiré le film « Un été d'enfer »).
**WEISS (J.).** ARRACHÉ AU TROTTOIR. LE DRAME DE LA PROSTITUTION MASCULINE (Histoire vécue).

## BANDES DESSINÉES

**LA BRIGADE MONDAINE en bande dessinée :**
**MOLOCH/CRISTINI.** 1. LE MARCHÉ AUX ORPHELINS.
**MOLOCH/CRISTINI.** 2. LA CITÉ DES DISPARUS.
**MOLOCH/GÉRON.** 3. LE CYGNE DE BANGKOK.
**CRÉPAX (G.).** HISTOIRE D'O (d'après Pauline Réage).
**MOLOCH/DAHAN Dr. TRAITÉ DE SEXOLOGIE.**

## STARS

JAMES DEAN, PAR **M. BULTEAU.**
MARILYN MONROE. SA VIE, SES FILMS, SON MYSTÈRE, PAR **M. PERISSET.**
JOHN WAYNE, L'HOMME ET SON MYTHE, PAR **E. LEGUÈBE.**

## PRATIQUE, SANTÉ, PSYCHOLOGIE

**ALDHIZER (T.G.). Dr/KROP (T.). Dr et DUNN (J.).** PERTE DES CHEVEUX ET CALVITIE : QUE DEVEZ-VOUS FAIRE ?

**ANTHONY Dr et ZAFFUTO (M.).** AUTOGUÉRISON.

**ASLETT (D.).** MILLE IDÉES POUR FAIRE VOTRE MÉNAGE EN GAGNANT DU TEMPS ET DE L'ARGENT.

**BLIN (C.).** LES DOUZE CLÉS DE LA PERSONNALITÉ.

**BORG (I.) Dr.** EXPÉRIENCES SEXUELLES. CONSEILS D'UN SEXOLOGUE.

**BROOKES (J.) ET ALT.** ART ET ARCHITECTURE DU JARDIN.

**BROUSSE (S.).** ON PEUT VAINCRE LE CANCER.

COLLECTIF MÉDICAL. COMMENT SOIGNER VOTRE PEAU.

COMMENT SOIGNER VOTRE ENFANT ? (DIAGRAM).

CONCEPTION, CONTRACEPTION, STÉRILITÉ (DIAGRAM).

**DACO (P.).** LES VOIES ÉTONNANTES DE LA NOUVELLE PSYCHOLOGIE.

**DUMAY (R.).** COMMENT BIEN FAIRE L'AMOUR A UN HOMME ?

**DUMAY (R.).** COMMENT BIEN FAIRE L'AMOUR A UNE FEMME ?

**DUMAY (R.).** LES PLAISIRS DU COUPLE.

**EDDE (G.).** LES EXERCICES CHINOIS DE SANTÉ.

**EDDE (G.).**LA MÉDECINE CHINOISE - DIÉTÉTIQUE ET PHYTOTHÉRAPIE.

**FAELTEN (S.).** L'ANTIFATIGUE. COMMENT AUGMENTER VOTRE ÉNERGIE PAR DES MOYENS NATURELS.

**KILEY (S.)/GORDON (R.).** LE POUVOIR EST DANS VOTRE NOM, COMMENT CONNAÎTRE SON SECRET ET L'UTILISER POUR RÉUSSIR.

**MAC GAREY (W.A.).** LES REMÈDES D'EDGARD CAYCE.

**MARINEAU (J.-M.) Dr.** LA CELLULITE VAINCUE.

**MELLEBY (A.).** SIX SEMAINES POUR AVOIR UN BON DOS.

**MOIGNO (Y.) Dr.** LE MALENTENDU CONJUGAL, CAUSES ET REMÈDES.

**MOIGNO (Y.) Dr.** LE MALENTENDU SEXUEL, CAUSES ET REMÈDES.

**MOIGNO (Y.) Dr.** LA RÉVOLUTION DE L'AMOUR.

**MONGEAU (S.) Dr.** VIVRE EN SANTÉ.

**MORGAN (M.).** POURQUOI PAS LE BONHEUR ? L'ART DE VIVRE HEUREUX PAR LA PENSÉE POSITIVE.

**MOUROUSI (Y.)/PEZÉ (E.).** GUIDE DES AUTOROUTES.

**MURPHY (J.) Dr.** COMMENT UTILISER LES POUVOIRS DU SUBCONSCIENT.

**PEALE (V.N.).** VOTRE PENSÉE PEUT TOUT.

**POUJOL (J.-P.).**ACUPUNCTURE PRATIQUE AVEC OU SANS AIGUILLES.

POUR UNE GROSSESSE HEUREUSE (Diagram).

**SEGAL (J.-P.) Dr.** GUIDE MÉDICAL DES VOYAGES ET DES LOISIRS (cartonné).

LE SEXE - MANUEL PRATIQUE (illustré) (Diagram).

**TOUW (K.).**1000 ET UNE IDÉES POUR ÉLEVER VOS ENFANTS.

**UYTTENHOVE (L.).** CONNAÎTRE LA FEMME PAR SON CORPS.

**UYTTENHOVE (L.).** DICTIONNAIRE DE GRAPHOLOGIE (reliure flexcover).

**UYTTENHOVE (L.).** LES SECRETS DE VOTRE CARACTÈRE.

**WYBOT (R.).** CLÉS DE L'ACUPUNCTURE TRADITIONNELLE.

N° d'éditeur : 130
Dépôt légal : mars 1986
Composé par PFC — Dole
Imprimé chez Norhaven Bogtrykkeri
(Danemark)